マルクス弁証法観の進化を探る

『資本論』と諸草稿から

不破哲三

新日本出版社

まえがき

この二〇年あまり、諸草稿を読みながらの『資本論』研究を続けてきましたが、その中で、経済学に取り組むマルクスの方法論そのものにも、進化の重要な過程があることを痛感してきました。

方法論と言えば、言うまでもなく、その中心は弁証法です。しかし、マルクスには、弁証法についてのまとまった記述がありません。そして、注目する必要があるのは、弁証法についてのマルクスの見方には、沈黙の時期を含む、進化と発展の歴史があることです。

マルクスは、若い時期にヘーゲルに熱中しましたが、唯物論に転換して以後は、弁証法から身を遠ざけており、弁証法への関心が復活したのは、1857年、それまで十年余にわたる経済学研究の成果を踏まえて、のちに『資本論』に結実する経済学の大著の執筆に着手した時でした。しかし、それ以後も、弁証法についてのマルクスの見方は、一連の進化と発展の軌道を歩みます。マルクスの弁証法観をつかむには、この進化の軌道をたどることが、どうしても必要になります。

本書では、こうした問題意識から、弁証法の問題を中心にすえながら、『資本論』の執筆過程で、経済学に取り組むマルクスの方法論がどのように進化したかを探求し、さらには、エンゲルスの弁証法観の位置づけも考えてゆきたいと思います。

この探究は、草稿と格闘し模索しながらの探究であり、それがどのように進行するのか、当事者である私自身にも予想しがたいところがあります。諸草稿の時間的歴史を追っての叙述とはならず、異なる角度からの検討のなかでは行きつ戻りつという部分も出てくるでしょうが、その点は、読者の皆さんに、あらかじめご容赦をいただきたいと思います。

マルクス　弁証法観の進化を探る

目次

まえがき　3

序　篇　マルクスの弁証法探究の歴史——17

一　弁証法との絶縁の時期があった……18

二　経済学の著作『草稿』執筆と弁証法観の転換……23

ヘーゲル弁証法にたいする態度の転換　23

マルクスの経済学研究の当時の到達点　25

新しい経済学の方法論——弁証法観の転換　29

三　『資本論』第一部第二版の「あと書き」を読む……31

『資本論』第一部ロシア語版の刊行　31

マルクスを感激させたカウフマンの書評　35

弁証法について。マルクスの「第一の命題」　41

弁証法について。マルクスの「第二の命題」　48

第一篇　研究過程の弁証法——51

——「叙述の仕方」と「研究の仕方」——

一　方法論の角度から「序説」を読む……53

経済学の研究対象について　54

経済学の方法の問題　56

ヘーゲルの弁証法をいかに活用すべきか　58

著作の構成序列について　62

二　「資本一般」が『五七〜五八年草稿』の内容……66

「三分法」が「資本」部分を構成する指針となった　66

「資本一般」をどう定義づけるか　70

忘れられた再生産論の最初の表式化　72

利潤率低下の法則も「資本一般」の枠組みで論じる　75

同じ弱点は『六一〜六三年草稿』にもひきつがれた　79

三　次の草稿執筆を周到に準備する……80
抜粋ノートから「引用ノート」を作成　81
「引用ノート」への索引」と「資本主義」の呼称の登場　83
『五七〜五八年草稿』の「摘録」をつくる　85
『六一〜六三年草稿』のプラン作成　89
四　『六一〜六三年草稿』と「資本一般」……93
（1）『六一〜六三年草稿』の執筆。1861年段階……93
『六一〜六三年草稿』の執筆を開始　93
機械論での挫折　草稿執筆を中断する　96
（2）1862年。「剰余価値に関する諸学説」……100
ノート一三冊に及ぶ学説史研究　100
（成果一）再生産論の形成　103
（成果二）絶対地代論の誕生　106

（成果三）恐慌論の包括的探究　108
（成果四）方法論での開眼　110
「資本一般」の枠を外してこその達成　114
五　恐慌の運動論の発見が、『資本論』構成の新局面を開く……119
第三部草稿執筆中のインタナショナル発足　119
第二部第一草稿での恐慌論の新たな発見　121
『資本論』の著作構成の根本的な変更に踏み切る　124

第二篇　使用価値と交換価値の弁証法――127

一　使用価値論の突破口を開く……128
最初の商品論には「使用価値」が登場しなかった　128
剰余価値論が使用価値研究の「突破口」に　132
突然の問題提起――使用価値論の一般化はありうるか？　134
二　商品論の新たな発展――使用価値と交換価値の対立と統一……137

1858年6月～59年1月　著作の内容に根本的変化が起こる　137
使用価値観の根本的な変革――「索引ノートから」　139
『経済学批判』第一分冊の完成まで　143
商品世界研究の新しい次元。『経済学批判』、そして『資本論』へ　145
三　固定資本。使用価値規定をめぐる混迷……150
「固定資本」と「流動資本」をどう定義するか　スミスとリカードウの場合　150
『五七～五八年草稿』でのマルクス　152
四　機械段階の「固定資本」論（『五七～五八年草稿』）……157
機械段階。労働者の地位はゼロに近づくか　157
ユア『工場哲学』を読みながら　160
大工業の発展は価値規定を否定するか？　163
五　『六一～六三年草稿』での使用価値規定……164
著作の第一歩から使用価値と交換価値の弁証法が登場　164
機械論でのつまずきと使用価値問題　168

執筆再開後は使用価値規定を全面的に活用 170
六　俗流経済学者の滑稽な非難にたいして……172
第三篇　発展と没落の弁証法——179
——「肯定的理解」と「必然的没落の理解」——
一　「恐慌＝革命」説の成立……180
1850年に誕生した「恐慌＝革命」テーゼ 180
テーゼ成立に至る経過を見る 182
利潤率低下の法則にかんするマルクスの歴史的発見 185
利潤率の低下法則を「恐慌＝革命」説に結びつける 187
二　『五七～五八年草稿』の場合……190
マルクス、「資本の文明化作用」を強調する 190
労働者階級の役割への言及がない 193
「必然的没落の理解」は無証明のままに終わった 194

三　『六一～六三年草稿』の場合（1861年段階）……198
利潤率低下と恐慌。最初の探究　198
四　『六一～六三年草稿』の場合（1863年段階）……201
労働者階級の位置づけに大きな変化があった　201
「独自の資本主義的生産様式」が機械制段階の代名詞に　204
機械制工業における新しい労働者像――「全体労働者」　206
未来社会の担い手という主体的条件の発展　210
五　運命的な年――1864年……212
ヨーロッパ情勢の変化の進行を見る　212
ヨーロッパの労働者運動との接触が始まる　214
「必然的没落」論の立証をめざし、市場競争の研究に踏み込む　219
インタナショナル創立にあたって　224
六　恐慌の運動論の発見（1865年）……227
マルクスが発見した恐慌発生の仕組み　227

それはマルクスの経済学研究の大きな転換点となった 231
七　1865年。ただちに『資本論』構想の転換へ……233
再生産論の第二部への組み込み 233
講演「賃金、価格および利潤」 234
『資本論』第三部第四章〜第七章の執筆 238
エンゲルスに『資本論』草稿の完成を知らせる 240
八　『資本論』第一部完成稿の執筆……243
労働者階級の主体的発展を追跡する 243
新たに書き起こした「第二三章」――社会的格差の極限までの拡大 248
九　「必然的没落」の弁証法。最後の到達点……254
資本主義的生産の成立と発展。徹底した収奪とその結果 254
「必然的没落の理解」の結論的な定式 257
社会変革の内容について――二つの文章 258
［補注］マルクスによる過渡期の理論の展開 261

一〇　新しい恐慌論のその後……264
第三部草稿――商人資本論での恐慌論の展開　264
第二部第二草稿――恐慌論の本格的展開は第二部最後の部分で　268
第二部第五草稿――新しい恐慌論の意義づけを明確に　270

第四篇　弁証法の解説者、エンゲルス――277

一　実現しなかったマルクスの弁証法解説……278
二　エンゲルスと弁証法……282
エンゲルスにも、弁証法とは無縁な一時期があった　282
弁証法研究をマルクスに知らせた最初の書簡　285
エンゲルス、マルクスの弁証法を解説する　287
自然弁証法の研究への八年間の集中　289
三　デューリングとの論争のなかで……293
１８７０年代、ドイツの党内にデューリング熱が発生　293

エンゲルス『反デューリング論』における弁証法　296
弁証法は、事物に外から当てはめる「型紙」ではない　303
あとがき　307

序篇　マルクスの弁証法探究の歴史

一　弁証法との絶縁の時期があった

まず、マルクスの弁証法探究の歴史のあらましを、見ておきます。

マルクスは、若い学生時代、ヘーゲル哲学に熱中しました。その様子は、ベルリン大学留学中（一九歳）の1837年11月、父ハインリヒ・マルクスにあてた報告の手紙によくあらわれています。

内容はなかなか難しい手紙ですが、青年マルクスのヘーゲルへの打ち込みぶりがよくあらわれていると思います。ヘーゲルの膨大な著作の全体を、弟子たちのものも含めて読破したというのですから。手紙の文体そのものにも、ヘーゲル調がうかがわれるようです。

「法、国家、自然、全哲学といったような生きた思想世界の具体的表現においては、客観そのものがその展開のなかで窺《うかが》い知られねばならず、勝手な分類はもち込まれてはならず、事物そのものの理《ことわり》が、それ自身のうちで相剋しているものとしてころがり続けていって、自身のうちに自身の統一を見いだすのでなければならないのです」（全集㊵5ページ）。

「私が――ついでに申しますと――カントおよびフィヒテの観念論になぞらえてはぐくんで

きていた観念論から私は、現実的なものそのもののうちに理念を求めるところへ行きつきました。神々は、かつては天上に住まっていたとすれば、今では大地の中心になっていたのです。私はヘーゲル哲学を断片的に読んだことがありましたが、この哲学のグロテスクで巌《いわお》のような旋律は私の気にはいりませんでした。もう一度、私は海にもぐり込みたいと思ったのです。ただし精神的自然を物体的自然と同様に必然的な、具体的な、しっかりと仕上げられたものとして見いだそうという一定の意図をもって……なのです」（同前9ページ）。

「私の不快中、私はヘーゲルを始めから終りまで、彼の弟子たちの大多数をもふくめて、知るようになっていました。……それまで私は今日の世俗哲学からのがれたいつもりでいたのに、かえってますます固くそれに縛りつけられたのです……」（同前10ページ）。

ヘーゲルへのこの熱中も、先駆的な唯物論哲学者フォイエルバッハの『キリスト教の本質』（1841年）に触れたことを転機にのりこえられます。

マルクスは、論稿「ヘーゲル法哲学の批判から」（1843年、当時未公刊、全集①）および自ら発刊した雑誌『独仏年誌』掲載の論文「ヘーゲル法哲学批判　序説」（1844年、同前）で、ヘーゲルの観念論批判の立場を明確にし、続いて執筆した論文『経済学・哲学手稿』（1844年4～8月執筆、全集㊵）では、「ヘーゲル弁証法と哲学一般との批判」という一章を立てて、ヘーゲル弁証法との決別を宣言しました。*

＊『経済学・哲学手稿』　この手稿も、マルクスの生前には公刊されず、1932年に、アドラツ

キー編集の『マルクス・エンゲルス全集』第一部第三巻のなかではじめて公刊されたものです。草稿には、章の表題はありませんが、『手稿』への「序言」のなかで、マルクスが、「この著述の結びの一章はヘーゲル弁証法および哲学一般との対決」（全集㊵388ページ）だと説明しており、そこから編集者が命名したものでした。

それ以後長いあいだ、マルクスは、自分の著作や論文で、弁証法という言葉を、肯定的な意味で使うことはいっさいしないできました。

この時期に、弁証法の語が登場するのは、もっぱら、批判を向けた相手のごまかし的な論法を批判する冷笑的な形容句としてだけでした。

最初は、エンゲルスとの合作で、ブルーノ・バウアー*の一派を批判した『聖家族――別名 批判的批判の批判』（1844年、全集②）です。「批判的批判」とは、この一派の立場をからかって付けた代名詞ですが、彼らは「一切の人間的活動と実践を、批判的批判の弁証法的思考過程に化している」（同前52ページ）、こういった調子で、バウアー一派の弁証法を、随所で笑いものにします。

＊ **ブルーノ・バウアー**（1809〜82） ドイツの哲学者。若い時代、青年ヘーゲル派に属したが、1848年の革命後、反動派に身を移した。

その合間に、彼らの先生であるヘーゲル自身の弁証法についても、かなり痛烈な批判的紹介をしているのも、見逃せないところでしょう。

「ヘーゲルは、非常にたびたび、思弁的叙述の内部で、現実的な、事そのものをとらえる叙述をしている。思弁的説明の内部におけるこうした現実的説明は、読者を迷わせて、思弁的説明を現実的とおもわせ、現実的説明を思弁的とおもわせるのである」（同前60ページ）。

マルクスが次にその「弁証法」を批判の対象としたのは、フランスの小ブルジョア社会主義者プルードンでした。マルクスは、その著作『哲学の貧困』（1847年、全集④）のなかで、プルードンの形而上学（観念論哲学）を、ヘーゲルの亜流と位置づけました。とくに、「第二章　経済学の形而上学」では、ヘーゲルの弁証法に痛烈な批判を加えながら、それをさらに「つまらぬもの」にしたという論法で、プルードンの弁証法にさらに手きびしい批判をくわえています。

＊　**プルードン**、ピエール・ジョセフ（1809〜65）フランスの思想家。ボナパルト帝政下のフランスの労働運動に大きな影響を及ぼした。『財産とは何か』（1848）、『貧困の哲学』（1846）などの著作がある。

「論理的諸カテゴリーのなかにあらゆるものの実体を見いだすものは、運動の論理的公式のなかに、あらゆるものを説明するばかりでなく、事物の運動をも包含する絶対的方法を、見いだしているような気になるのである」。（その「絶対的方法」について語るヘーゲルの言葉を引用したあと）「宗教、法律、等々についてヘーゲルのおこなったことを、プルードン氏は経済学についておこなおうと努めるのである」（同前131〜132ページ）。

「のちにわれわれはプルードン氏がいかにヘーゲルの弁証法を他に類例のないほどつまらぬものに矮小化《わいしょうか》しつくしたか、を見るであろう。ヘーゲルにとっては、……すでに起こったことと、いまなお起こりつつあることのすべてが、まさに彼自身の推論のなかでおこることなのである。……彼は思考の運動によって世界を建設することができると信じこんでいる。しかし彼が〔実際に〕おこなっていることは、ただ、万人の頭脳のなかにある諸思考を体系的に再建設し、絶対的方法に従わせることであるにすぎない」（同前133ページ）。

それ以後の一〇年間、マルクスは、ひやかしの意味で「弁証法」という言葉を口にすることは間々ありましたが、積極的な意味で弁証法について語ることは、手紙を含めて、まったくありませんでした。

二　経済学の著作『草稿』執筆と弁証法観の転換

ヘーゲル弁証法にたいする態度の転換

マルクスは、１８４４年にパリで経済学の研究を開始していましたが、１８４８〜４９年のドイツ革命の終結とともにロンドンに亡命し、経済学の諸著作の宝庫である大英博物館を拠点に、科学的社会主義の経済学の確立をめざして、本格的な研究を開始しました。そして、１８５７年８〜９月に、決意していよいよその最初の草稿、『五七〜五八年草稿』の執筆にとりかかったのでした。

それに先行する時期に、思わぬ形で、ヘーゲルの弁証法との一〇年ぶりの出合いが起こったようです。『五七〜五八年草稿』執筆中の１８５８年１月、マルクスは、エンゲルスに次のように書き送っています。

「それはそうと、仕事は具合よくはかどっている。たとえば、これまで行なわれてきたような利潤学説を、僕はすっかりひっくり返してやった。問題を論じる方法の点では、ほんの偶然のことから――フライリヒラート[*1]がもとはバクーニン[*2]の蔵書だったヘーゲルの本を数冊見つけて、僕にプレゼントとして送ってくれた――ヘーゲルの『論理学』をもう一度ぱらぱらめくってみたのが、大いに役に立った。もしいつかまたそんな仕事をする暇でもできたら、ヘーゲルが発見はしたが、同時に神秘化してしまったその方法における合理的なものを、印刷ボーゲン二枚か三枚で、普通の人間の頭にわかるようにしてやりたいものだが」（古典選書『マルクス、エンゲルス書簡選集・上』113ページ、以後、『書簡選集』と略記）。

＊1　**フライリヒラート**、フェルディナント（1810～93）ドイツの民主主義派の詩人。マルクス、エンゲルスの友人で、1848～49年のドイツ革命の時期には、『新ライン新聞』の編集者の一人となったが、1850年代に革命的闘争から身を引いた。

＊2　**バクーニン**、ミハイル・アレクサンドロヴィチ（1814～76）ロシアの革命家。若い時期にはマルクスとも交友があったが、のちに無政府主義者として、国際労働者協会への破壊活動に熱中した。

この手紙は、いくつかの説明が必要になるようです。

まず、ヘーゲルの『論理学』などが手に入ったいきさつです。バクーニンは、後にインタナショナル破壊の撹乱者となるロシアの革命家で、ドイツ革命のさなかの1849年5月、ドイツのドレスデンで逮捕され、ドイツからオーストリア、さらにロシアへと転々と移送され、１８５７年から６１年６月までシベリアで流刑生活を送りましたから、おそらくそれ以前の時期、彼自身がヘーゲルに熱中していた１８４０年代はじめごろに読んだ書物だったのでしょう。それが、どういう経路を経てかはわかりませんが、ドイツの革命派の詩人で、ドイツ革命の時期には『新ライン新聞』で編集者の一人としてマルクスと机をならべていたフライリヒラートの手に入り、時期は不明ですが、マルクスにプレゼントされたものと想定されます。

マルクスは、この手紙では、ヘーゲルの『論理学』を「もう一度ぱらぱらめくってみた」とごく軽い調子で書いています。だが、実は、この時期のヘーゲル再読は、「ぱらぱら」などというものではなく、草稿の執筆に根本的な影響を与えるものとなったのでした。すなわち、マルクスは、この時、ヘーゲルの弁証法と事実上絶縁してきた１８４４年以来の態度を大きくあらため、ヘーゲルの弁証法を唯物論的に変革して経済学の方法論とするという新しい道に踏み出す決意をしたのです。

マルクスの経済学研究の当時の到達点

なぜ、こういう転換をしたのか。

私は、この転換は、『五七～五八年草稿』にとりかかった時期の、マルクスの経済学研究の到達点と深い関係があると、推測しています。

『五七〜五八年草稿』は、新しい課題への挑戦と模索の調子が、全体を色濃くおおっている草稿です。マルクスは、この草稿で、資本主義的生産*の諸側面、諸関係を表現する基本的な規定や概念の一つ一つについて、いわば白紙から出発し、過去の諸学説を吟味しながら確定するという丹念な努力を、ほとんど全編にわたっておこなっています。

＊ 資本主義的生産　マルクスが、「資本主義」という言葉を使い始めるのは、1860年以後で、『五七〜五八年草稿』そのものには、この言葉はまだ登場しません。

そのなかに、マルクスが、最初から結論をもって理論の展開を確信的に進める部分が、いくつかあります。

第一は、剰余価値論の展開です。エンゲルスは、その著作『反デューリング論』（1876〜78年）および『空想から科学へ』（1880年）のなかで、「剰余価値による資本主義的生産の秘密の暴露」を、史的唯物論の成立とともに、社会主義を科学に変えたマルクスの「二つの偉大な発見」と意義づけましたが（古典選書『空想から科学へ』61ページ）、この剰余価値論は、『五七〜五八年草稿』で、その基本点がほぼ完成した形で展開されています。

第二は、この剰余価値論を基礎に、資本主義的生産の諸関係を分析する基本的な規定である、「不変資本」と「可変資本」という概念を確立したことです。スミス、リカードウなどの古典派経済学者たちは、労働価値説に立ちながら、剰余価値の仕組みを理解しえなかったために、資本主義の経済的諸関係を分析するにあたって、多くの点でさまざまな迷路におちこんでしまったのでした。

第三は、スミスやリカードウを悩ました利潤率の低下傾向の問題の科学的な解決に成功したことです。資本主義がこの傾向をもつことは、早くから知られていましたが、経済学者たちは、その原因をだれも発見できず、難問中の難問とされてきました。

利潤とは、資本主義的生産の文字通りの生命線です。長期的に見ると、その利潤率が、不可避的な低下傾向をたどるというのですから、多くの経済学者がそこに資本主義体制そのものの危機的な運命を感じとりました。

その危機を最も深刻に感じていたのは、リカードウでした。

彼は、利潤率の低下の原因を、穀物生産の困難の増大に求めました。

資本主義が発展すると、労働者の穀物消費が増大し、それに対応するためには、農業はより生産の低い土地での耕作へと進まざるをえなくなる。その結果、穀物価格の騰貴が進行し、それとともにすべての物の価格の騰貴がおこり、いやおうなしに労働者の賃金は上昇することになる。結局、資本の蓄積過程では、利潤率は低下の傾向をたどらざるをえないことになる。

そこから、リカードウは、資本主義の前途の不吉な運命を次のように描き出しました。

「彼ら［農業者や製造業者］の蓄積の動機は、利潤の減少のたびごとに減少し、彼らの利潤が非常に低くて、彼らの煩労と、彼らがその資本を生産的に使用するさいに必然的に遭遇しなければならない危険とを、十分償うに足りないときは、まったく消滅するであろう」（『経済学および課税の原理』1817年、堀経夫訳『リカードウ全集』第一巻、雄松堂書店、143ページ）。蓄積の動機の消滅とは、資本主義の死の宣告にも等しいことです。人間社会の発展の最高段階と意義づけた資本主義の前途について、こういう宣告をせざるを得なかったということは、リカードウにとって最もつらい発言だったと思います。利潤率の低下傾向とは、まさに古典派経済学の根幹をゆるがす大問題だったのでした。

マルクスは、『五七～五八年草稿』の最後の部分で、この難問に対して、剰余価値論から出発して生みだした不変資本、可変資本の概念を駆使して、快刀乱麻を断つとの表現そのままの見事な解答を与えました。その解答は、利潤率の低下という現象の経済的根源を明らかにした点で（しかし、その限りで）、マルクスがエンゲルスに語ったように、「これまでのすべての経済学を困惑させた難問にたいする最大の勝利の一つ」と意義づけうるものでした（1868年4月30日の手紙、『書簡選集・中』48ページ）。

＊『五七～五八年草稿』では、マルクスは、利潤率の低下というこの現象を科学的に解明するとともに、それを、1850年以来とってきた「恐慌＝革命」説と結びつけて、資本主義の体制的危機論を展開しました（『資本論草稿集』②557～559ページ）。それは、利潤率の低下現象がリカードウらに与えた危機感を、資本主義批判の立場でひきついだものでした。この体制的危

機論には、１８６５年、恐慌を含む経済循環のしくみを解明した新しい恐慌論の発見とともに終止符がうたれました。本文で「しかし、その限りで」との限定句を付けたのは、その意味からですが、この経緯は、あとの第三篇で説明することになります。

マルクスは、それまでの経済学研究のなかで、資本主義的生産様式の経済学的分析の基礎をなすこれらの問題の科学的解決に成功したからこそ、この時期に、経済学の草稿執筆に本腰でとりかかる決意をしたのだと推測されます。はじめにのべたように、『五七〜五八年草稿』は全体としては、新しい課題への挑戦・模索・探究という調子に満ちていますが、いま見てきた問題にかかわる部分だけは、同じ探究といっても、到達した結論をいかに的確に表現するか、その順序や論法の探究という色彩が強いのです。

新しい経済学の方法論――弁証法観の転換

そして、この到達点を踏まえて、資本主義的生産様式を全面的に分析する著作に取りかかるその段階で、新しい経済学を、どのような方法論をもってつくりあげるか、という問題が、マルクスの前にあらためて提起されてきたのではないでしょうか。

その時に、たまたま手もとにあったヘーゲルの著作を「パラパラめくってみた」（前出の書簡から)。十数年の断絶があるとはいえ、学生時代に、ヘーゲルの全著作を読破し、その弁証法に心酔した歴史を持つマルクスのことです。ヘーゲルの弁証法の弱点は、その観念論にあった、それを唯物論的につくりかえれば、科学的な経済学を作り上げる方法論、少なくともその重要なヒントが得られるのではないか。こういう構想が、1857年、マルクスの頭脳のなかに、ヘーゲルと弁証法の復活をもたらしたのではないでしょうか。

以上は、あくまで私の想定ですが、ヘーゲルと弁証法に対する態度の1857年の大転換を理解するカギは、このこと以外にないように考えています。

そして、この時点から、経済学の科学的な方法論の確立と体得をめざして、マルクスの新しい努力が始まりました。諸草稿と『資本論』の執筆の過程は、同時にその方法論としての弁証法観の探究と確立の過程だったと思います。そして、マルクス自身の弁証法観は、その到達点では、1857年の出発点と比較するならば、見違えるような進化をとげていったのでした。

本書では、これから、その過程を、マルクスとともに追究するつもりですが、その探究の旅を始めるにあたって、最初に読んでいただきたい文章があります。

それは、マルクスが、1873年1月に執筆した文章、『資本論』第一部第二版への「あと書き」の、弁証法について述べた部分です。

この文章は、マルクスが弁証法についての自分の見解を、もっとも詳細に述べた文章であると同時に、『資本論』と諸草稿の執筆のなかで経験した理論的苦闘や曲折を経て、マルクスが最終的に到達した弁証法観を、読者に展開して見せたたいへん貴重な文章だと位置づけることができると思います。マルクスの弁証法観がどのように進化していったかを探る旅の出発点として、『資本論』第一部第二版への「あと書き」の弁証法観をじっくり読むことから、ことを始めたいと思います。

三　『資本論』第一部第二版の「あと書き」を読む

『資本論』第一部ロシア語版の刊行

『資本論』第一部は、刊行後、多くの国々で翻訳版が刊行されましたが、まっさきに刊行されたのは、ロシア語版（1872年）でした。翻訳者は、前半の3分の1は、インタナショナルの会員のロパーチン（1845～1918）です。彼が、投獄されたチェルヌイシェフスキー[*1]の救出計画に加わり逮捕された後、その仕事をひきついだのが「人民の意志」派（ナロードニキ）の経済学者ダニエリソーン[*2]で、翻訳の後半3分の2は彼の仕事でした。これには、工業化学者で後にモスクワ大学教授となったリュバーヴィン（１８４５〜１９１８）も協力しました。

＊１　チェルヌイシェフスキー、ニコライ・ガヴリーロヴィチ（１８２８〜８９）ロシアの唯物論哲学者。著作家。ロシアの社会主義運動の最も重要な先駆者のひとり。

＊２　ダニエリソーン、ニコライ・フランツェヴィッチ（１８４４〜１９１８）ロシアの経済学者で、『資本論』の翻訳の問題だけでなく、ロシア問題はもちろん、世界経済などの多くの理論問題で、マルクスと手紙での交流を続けました。マルクスの死後、この交流はエンゲルスにひきつがれ、『資本論』第二部、第三部のロシア語訳も完成させました。政治的には、「人民の意志」派（ナロードニキ）に属し、１８８０〜９０年代に、ニコライ・オンのペン・ネームでナロードニキ派の理論活動の先頭に立ちました。その理論の特徴は、ロシアがすでに資本主義的発展の軌道に入ったことも、したがってまた労働者階級の革命的役割も認めず、もっぱら農村共同体を基礎にしたロシア型社会主義を空想したところにありました。

１８９０年代に、ロシア国内でニコライ・オンとの理論闘争の先頭に立ったのは、レーニンでしたが、ほぼ同じ時期に、エンゲルスは、ダニエリソーンへの手紙でこの問題を取り上げ、基本的にレーニンと共通する立場から彼の見解への批判を展開していました（１８９２年６月１８日の手紙［『書簡選集・下』１９３〜２０３ページ］、同年９月２２日の手紙　同前２０３〜２０８ページ、１８９３年２月２４日の手紙　同前２１３〜２１７ページ、同年１０月１７日の手紙　同前２３９〜２４４ページ）。

レーニンとエンゲルスは、直接会う機会はありませんでしたが、ロシア革命とナロードニキの問題にたいして、二人が共通の理論的立場を示したことは、科学的社会主義の歴史の興味深い一節と位置づけることができるでしょう（詳細は、だいぶ古いものですが、新日本新書の不破『古典への旅――マルクス、エンゲルス、レーニンを訪ねて』（１９８７年）、「ロシア問題とレーニン」の章の「２　エンゲルスとレーニンのロシア問題での接近」を参照してください）。

ロシアは、きびしい検閲制度で知られた国でしたが、ロシア語版『資本論』は、１８７２年３月、その検閲を無事通過して、専制ロシアの読書界に公然と登場することになりました。ダニエリソーンからその知らせを受けたマルクスは、インタナショナルの同志でアメリカに亡命していたゾルゲ*にあてた手紙で、『資本論』の検閲通過の奇跡的な状況を、次のように報告しています。

＊　**ゾルゲ**、フリードリヒ・アードルフ（１８２８～１９０６）マルクス、エンゲルスの早くからの同志。１８４８～４９年のドイツ革命に参加。５２年にアメリカに亡命し、そこで社会主義運動に取り組んだ。国際労働者協会に参加し、協会がニューヨークに移転した後、書記長の任を果たした（１８７２～７４年）。

「私の本のロシア語訳（みごとなできばえ）についてロシアから次のような手紙がきています。

『検閲では二人の検閲官がこの著作を担当して彼らの決定を検閲委員会に提出しました。検閲以前にすでに原則的に確定していたのは、この本は単に著者の名だけによって抑止されるべきではないが、しかし、それがどの程度までその表題に実際に一致しているかを精密に検査しなければならない、ということでした。次に述べるのが、検閲委員会が全員一致で採用して主務官庁の判定のために提出した決定の要旨です。

〈この著者はその信念からすれば完全な社会主義者であり、またこの著書そのものもまったく明確な社会主義的性格を帯びてはいるが、叙述がけっしてだれにでも理解されるものとは言われえないということ、および、他面から見れば叙述が厳密に数学的に科学的な論証の形式を具えているということを考慮して、本委員会は、この著書の訴追は不可能であることを言明する。〉』こういう次第でこの本は世間に出る旅券を与えられました。印刷部数は三〇〇〇です。それがロシアの公衆の前に出たのは三月二七日ですが、五月一五日にはすでに一〇〇〇部売れていました」（マルクスからゾルゲへ、1872年6月21日『書簡選集・中』118～119ページ）。

ロシア語版をめぐる興味深いエピソードですが、この時、ロシアの検閲当局が行使した唯一の拒否権は、マルクスの肖像画の掲載だったとのことです。マルクスの肖像そのものに、体制を脅かす革命的威力があるとでも思ったのでしょうか。そのことは、当時、準備されていたフランス語版の出版に、思わぬ影響をもたらしました。出版者のラシャトル氏が、フランス語版第一分冊に、著者の肖像を載せるよう断固として主張し始め、写真の撮影やその木版での仕上げに時間がかかって、刊行の時期が遅れることになったのです（マルクスの長女ジェニー・マルクスからクーゲルマンへ、1872年5月3日　全集㉝581～582ページ）。ラシャトル氏としては、専制ロシアでの出版に対比する形で、フランスの出版者の心意気を示したかったのでしょう。

マルクスを感激させたカウフマンの書評

『資本論』ロシア語版の発行は、ロシアの言論界に大きな反響を呼び、新聞や雑誌に多くの書評が掲載されました。マルクスはそうした反響を注意深く追跡しましたが、そのなかで、もっとも彼を喜ばせたのは、経済学者のI・I・カウフマン*がペテルブルクの雑誌『ヴェースニーク・エヴロープィ（ヨーロッパ報知）』（1872年5月号）に掲載した書評「カール・マルクスの経済学批判の見地」でした。

＊　**カウフマン**、イラリオン・イグナチエヴィッチ（1848～1916）ロシアの経済学者。サンクトーペテルベルク大学教授。

この書評は、私たちがいま読んでも感服するほど、『資本論』の方法論的な特徴を的確にとらえた傑作でした。

マルクスの「あと書き」のなかのかなり長文の引用文ですから、読み過ごされがちな文章ですが、内容はたいへんみごとなもので、当のマルクスが「こうして彼の描いたものは、弁証法的方法以外のなんであろうか?」(『資本論』新版①32ページ、ヴェルケ版I27ページ)と感嘆の言葉を書きつけたほどのものです。

ここで、カウフマンの原文も参考の材料として補いながら、マルクスがその書評のどこに感嘆したのかを読みとってゆきたい、と思います(カウフマンの文章のうち、「あと書き」での引用以外の部分は、雑誌『経済』1967年5月号に掲載された、二村新太郎訳・村田陽一校閲の訳文によりました)。

カウフマンは、冒頭、『資本論』の価値を三つの角度から指摘します。

「マルクスの著書は三とおりの価値をもっている。すなわち、第一に、それは、著者以前にはまったくとりあげられたことのない諸問題の研究から、かれのえた新しい独自の結論をあたえており、第二に、それは現代経済体制の主要な基礎の体系的批判をあたえており、最後に、第三点として、それは、資本主義の発展をきわめて的確に特徴づける歴史的=文献的および文化史的知識の膨大な蓄積をあらわしている」。

カウフマンは、叙述の外的形式から判断すると、マルクスは「大観念論哲学者」に見えるかもしれないが、「実際には、かれは、経済学批判という仕事におけるかれのすべての先行者よりも、かぎりなく多くの実在論者である」とし、彼の研究方法の「実在論的」、言い換えれば唯物論的性格を、次のように特徴づけます。これが、マルクスが「あと書き」で引用した文章の最初の部分です。

「マルクスにとってはただ一つのことだけが重要なのである。彼がその研究にたずさわっている諸現象の法則を発見すること、がそれである。しかも、彼にとって重要なのは、諸現象が一つの完成形態をもっている限りにおいて、またある与えられた期間内に見られる一つの連関のなかにある限りにおいて、それらの諸現象を支配している法則だけではない。彼にとって、さらになによりも重要なのは、諸現象の変化とそれらの発展の法則、すなわち、ある形態から他の形態への移行、連関の一つの秩序から他の秩序への移行の法則である。ひとたびこの法則を発見するや、彼は、この法則が社会的生活のなかでみずからを現わす諸結果を詳細に研究する」（『資本論』新版①29ページ、ヴェルケ版I25～26ページ）。

カウフマンは、続いて、マルクスはその研究のなかで、社会発展の現在の段階の必然性と同時に、次の発展段階への移行の必然性の証明に力をつくした、と指摘します。

「そのために、マルクスが苦心するのは、ただ一つのこと、すなわち、正確な科学的研究によって社会的諸関係の特定の諸秩序の必然性を立証し、彼のために出発点および支点として役立つ諸事実をできる限り非の打ちどころのないまでに確定することだけである。このためには、彼が現在の秩序の必然性を論証すると同時に、この秩序が不可避的に移行せざるをえない他の一秩序の必然性を論証すれば、それでまったく十分なのであって、人びとがそのことを信じるか信じないか、意識するかしないかにはまったくかかわりがないのである。マルクスは社会の運動を、諸法則――すなわち人間の意志や意識や意図から独立しているだけでなく、むしろ逆に、人間の意欲や意識や意図を規定する諸法則――によって支配される一つの自然史過程とみなしている」（同前29～30ページ、ヴェルケ版I 26ページ）。

カウフマンは、社会発展についてのこうした見解を、マルクスがどのようにつくりあげてきたか、マルクス自身の説明するところを聞こう、といって、『経済学批判』（1859年）の「序言」のなかの、史的唯物論の成立過程とその内容の説明をほぼ全文、引用・紹介します（古典選書『「経済学批判」への序言・序説』13～16ページ、「私を悩ました疑問の解決……」から「……物質的諸条件をもつくりだす」まで）。

そして、その内容を自分の言葉で総括的にまとめてみせたうえで、そこから引きだされる唯物論的社会観の核心を、次のような言葉で紹介します。

「意識的要素が文化史においてこのように従属的役割を演じるとすれば、文化そのものを対象とする批判が、意識のなんらかの形態またはなんらかの結果をその基礎とすることはとうていできないことはおのずから明らかである。すなわち、この批判にとっては、理念ではなくただ外的現象だけが出発点として役立ちうる。この批判は、一つの事実を、理念とではなく他の事実と比較し対比することに限定されるであろう。この批判にとって重要なのは、両方の事実ができる限り正確に研究され、現実的にそれぞれ一方の事実が他方にたいして異なる発展契機をなす、ということだけであるが、しかしとりわけ重要なのは、それに劣らず正確に、諸秩序の序列が探究されること、発展諸段階がそのなかで現われる連続と結合とが探究されることである」（『資本論』新版①30ページ、ヴェルケ版Ｉ26ページ）。

このあと、カウフマンは、『資本論』の構成が変化してきた説明に進みます。そこで、マルクスは、はじめは、その著作を六部構成で「経済生活のブルジョア構造の体系を叙述」し、とくに最初の三つの項目では「ブルジョア社会がわかれている三大階級〔資本、土地所有、賃労働＝不破〕の経済的生活諸条件を研究するつもりであった」こと、しかし現在では、その構想が『資本論』を共通の表題とする三巻構成に変更されたこと、こうして、「現代の経済理論はすべていわば資本の理論によってつくされる」ようになったことが、簡潔に説明されます（この部分はマルクスの「あと書き」では略されています）。

そのうえで、カウフマンは、問いかけます。

「しかし次のように言う人もいるであろう。〔……〕経済生活の一般的諸法則は同一のものであって、人がそれらを現在に適用するか過去に適用するかとは、なんのかかわりもない、と」（同前、ヴェルケ版Ｉ26ページ）。

この疑問にたいして、カウフマンはマルクスを代弁して答えます。

「これこそまさにマルクスの否定するところである。彼によれば、そのような抽象的な諸法則は実在しない。……彼の見解によれば、反対に、歴史上のそれぞれの時代がそれぞれの独自の諸法則をもっている。……生活が、与えられた一つの発展時代を経過してしまって、与えられた一段階から他の段階に移行するやいなや、それはまた別の諸法則によって支配され始める。一言で言えば、経済生活は、生物学という他の領域における発展史に似た現象を、われわれに示す。……旧来の経済学者たちは、経済的諸法則を物理学や化学の諸法則と同様なものと考えたので、経済的諸法則の性質を理解しなかった。……諸現象をより深く分析すると、もろもろの社会有機体も、植物有機体や動物有機体と同じように、互いに根本的に異なるものであることが証明された。……まったく同じ現象でも、これらの諸有機体の構造全体の相違、それらの個々の器官の差異、それらの器官がそのなかで機能する諸条件の相違、等の結果、まったく異なる諸法則に従う。たとえば、マルクスは、人口法則がすべての時代、すべての場所で同一であるということを否定する。反対に、彼は、それぞれの発展段階はそれぞれ独自の人口法則をもつ、ということを確言する。……生産力の発展が異なるにつれて、諸関係も諸関係を規制する諸法則も変わってくる」（同前30～31ページ、ヴェルケ版Ｉ26～27ページ）。

カウフマンは、これらの考察をもとに、マルクスの研究の意義を、次のような言葉で総括しました。

「マルクスは、自分自身にたいして、この観点から資本主義的経済秩序を研究し説明するという目標を提起することによって、ただ、経済生活の正確な研究がいずれももたざるをえない目標を、厳密に科学的に定式化しているだけである。……このような研究の科学的価値は、ある一つの与えられた社会有機体の発生・現存・発展・死滅を規制し、またそれと他のより高い社会有機体との交替を規制する特殊な諸法則を解明することにある。そしてこのような価値をマルクスの著書は実際にもっているのである」（同前31ページ、ヴェルケ版Ⅰ27ページ）。

『資本論』を本格的に読みこんだものだけが書ける、そしてまた全篇をつらぬく思考法を読み取ったものでこそ書ける、実に的確で、みごとな『資本論』賛歌ではありませんか。

だからこそ、マルクスは、翌年公刊した『資本論』第一部第二版に、読者の心にひびく次のような感嘆の言葉を書きつけたのでした。

「この筆者は、私の現実的方法と彼が名づけるものを、このように的確に描き、その方法の私個人による適用にかんする限り、このように好意的に描いているのであるが、こうして彼の描いたものは、弁証法的方法以外のなんであろうか？」（同前32ページ、ヴェルケ版同前）。

弁証法について。マルクスの「第一の命題」

マルクスは、この感嘆の言葉に続けて、次の文章を記します。

「もちろん、叙述の仕方は、形式としては、研究の仕方と区別されなければならない。研究は、素材を詳細にわがものとし、素材のさまざまな発展諸形態を分析し、それらの発展諸形態の内的紐帯《ちゆうたい》をさぐり出さなければならない。この仕事を仕上げてのちに、はじめて、現実の運動をそれにふさわしく叙述することができる。これが成功して、素材の生命が観念的に反映されれば、まるである〝先験的な〟構成とかかわりあっているかのように、思われるかもしれない」（同前32ページ、ヴェルケ版同前）。

この文章を、私ははじめごく軽い気持ちで読んでいましたが、最近になって、そこに、『資本論』と諸草稿の執筆過程でマルクスが経験した、弁証法観の変転と発展・進化の内容が記されていること、したがって、この文章が、マルクスの弁証法観の到達点を理解するうえで、きわめて重要な意義をもっていることに、気づくようになりました。

その意味で、以下、この文章を、第二版「あと書き」のなかの弁証法にかんする「第一の命題」（研究過程の弁証法）と呼ぶことにします。この命題の要《かなめ》は、マルクスが弁証法の活用にとりくむなかで、「叙述の仕方」と「研究の仕方」の区別とそれぞれの意義を、明確に把握したところにあった、と思います。

続く文章で、マルクスは、自分の弁証法とヘーゲルの弁証法との関連について述べます。

「私の弁証法的方法は、ヘーゲルのそれとは根本的に異なっているばかりでなく、それとは正反対のものである。ヘーゲルにとっては、彼が理念という名のもとに一つの自立的な主体に転化しさえした思考過程が、現実的なものの創造者であって、現実的なものはただその外的現象をなすにすぎない。私にとっては反対に、観念的なものは、人間の頭脳のなかで置き換えられ、翻訳された物質的なものにほかならない。

ヘーゲル弁証法が〔事物を〕神秘化する側面を、私は三〇年ほど前に、それがまだ流行していた時代に批判した」（同前）。

三〇年ほど前のヘーゲル弁証法批判といえば、マルクスの頭には、おそらく、著作『聖家族』（1844年、全集②）があったのではないでしょうか。この著作は、青年ヘーゲル派出身の観念論哲学者ブルーノ・バウアー一派の批判に充てられていますが、バウアー一派がヘーゲルを自分たちの最大の哲学的根拠としていたため、ほとんどすべての章でヘーゲルの思弁的弁証法への痛烈な批判が展開されたのでした。

「あと書き」の続く文章は、当時、卑俗なヘーゲル批判が流行していたことへの苦言を述べたものですが、この部分の原型ともいえるマルクスの手紙があるので、紹介しておきましょう。

1870年6月27日、クーゲルマン*にあてた手紙です。冒頭に出てくるランゲ（1828～75）というのは、『唯物論史』（1866年）を書いて、俗流唯物論者のあいだでは人気を得ていたドイツの哲学者です。そのランゲが、『労働者問題』（増補第二版、1870年）でマルクス賞賛の文章を書いたようで、それを読んだマルクスが、クーゲルマンあてに、最近、俗流唯物論者たちのあいだで流行っている反ヘーゲル的風潮に苦言を呈したのです。

＊　**クーゲルマン**、ルートヴィヒ（1828～1902）ドイツの医師で、1862年以後、マルクスと親交をむすび、国際労働者協会にも参加した。

「ランゲ氏（労働者問題うんぬん、第二版）は僕をたいへん賞賛していますが、これは自分を偉そうにみせるためなのです。……

このランゲがヘーゲルの方法や、僕のその応用について何を言っているかというと、それは正真正銘子どもじみたものです。第一に彼はヘーゲルの方法を何も理解していないし、そのせいで、第二に、ましてやそれを応用する僕の批判的やり方となると、ますますほとんど分からないのです。彼を見ていると、僕はある点でモーゼス・メンデルスゾーン[*1]を思い出します。というのは、愚か者の原型のようなこの男はレッシング[*2]にこう書いているからです。『あの死んだ犬[*3]であるスピノザ』を真剣に受け止めるなんて、どうしてそんな気になれるのか！　と。それと同じように、ランゲ氏にとって不思議でたまらないのは、エンゲルスや私その他があの死んだ犬とされたヘーゲルを真剣に受け止めていることなのです。それもビューヒナー[*4]、ランゲ、デューリング博士、フェヒナー等[*5]——かわいそうな奴らだ——がヘーゲルはもうとっくの昔に葬り去ったという点で意見が一致してからもうずいぶんたつというのにどうして、というわけです。ランゲは無邪気なことに、僕が経験的な素材のなかを『きわめてまれに見るほどのびのびと動きまわっている』などと言っています。彼には思いもよらないことなのですが、こういう『素材のなかをのびのびと動くこと』というのは、素材を扱う方法を分かりやすく言い換えたものにまったくほかならないのであって——その方法がすなわち弁証法的な方法なのです」（『書簡選集・中』74〜75ページ）。

＊1　**メンデルスゾーン**、モーゼス（1729～86）ドイツの観念論哲学者。
＊2　**レッシング**、ゴットホルム・エーフライム（1729～81）ドイツの劇作家で批評家。
＊3　**「死んだ犬」**　スピノザを過去の哲学者だと馬鹿にして述べた言葉。
＊4　**ビューヒナー**、ルートヴィヒ（1824～99）ドイツの自然科学者。機械的唯物論の哲学者。
＊5　**フェヒナー**、グスタフ・テオドール（1801～87）ドイツの物理学者。観念論哲学者。

「あと書き」の文章に戻りましょう。

マルクスは、ヘーゲルを「死んだ犬」扱いする俗流唯物論者たちの当時の思い上がった風潮を簡潔に紹介したうえで、「だから私は、自分があの偉大な思想家の弟子であることを公然と認め、また価値理論にかんする章のあちこちで、彼に固有な表現様式に媚《こび》を呈しさえした」（『資本論』新版①33ページ、ヴェルケ版Ｉ27ページ）と語ります。[*]ヘーゲルに「媚を呈した」これらの文章の多くは、第二版で削除されました。

＊　**初版での「ヘーゲルへの媚」**　現行版（1883年）と初版（1867年）では、文章がかなり違っているので、正確な場所の比較はむずかしいのですが、初版では、次のような箇所で、ヘーゲルとその論理が登場していました。

イ、最初の価値形態の「単純さ」を指摘したところに、次のような注記。

［注］それは、いわば、貨幣の細胞形態であり、またはヘーゲルならば言うであろうように、貨幣のアン・ジッヒ〔即自態〕である」（江夏美千穂訳『初版　資本論』幻燈社書店、34ページ）。

ロ、相対的価値表現では、上着という商品の素材が、価値概念の現象形態となることを論じた箇所で、この現象をヘーゲルの論理学と対比して、「ひとりヘーゲルの『概念』だけが、外界の素材なしで自己を客観化することを達成している」（同前32ページ）と書き、そこに、次の「注」をつけた。

［注］「『概念は、初めは主観的でしかないが、外界の物質あるいは素材を必要とせずに、自己自身の活動に適合しながら自己を客観化することへと前進する。』ヘーゲル『論理学』、三六七ページ。所収、『エンチクロペディー、第一部、ベルリン、一八四〇年。』」（同前38ページ）。

ハ、〝単純な価値形態のなかに、価値形態の秘密、したがってまた貨幣の秘密が発見される〟と論じた箇所に、次のように注記。

［注］「ヘーゲル以前には、本職の論理学者たちが判断および推論の範例の形態内容さえをも見落としていたのだから、経済学者たちが素材について関心をもつことにすっかり影響されて、相対的価値表現の形態内容を見落としてきたということは、怪しむにあたらない」（同前40ページ）。

ニ、以上は、「商品と貨幣」の章でのヘーゲル登場の諸例ですが、これは次の章でも続きます。第三章の「労働日」の節では、少年工を夜間、低賃金で働かせることへの資本家側の言い訳を紹介した後に、次の注です。

〔注〕「『反省ばやりで理屈ばったわれわれの時代では、なにごとについても、どんなに悪いことやどんなに不合理なことについても、もっともな理由をつけられない人は、まだたいした人物ではないにちがいない。この世で駄目になったものは、ことごとく、もっともな理由があって駄目になったのである。』（ヘーゲル、前掲書〔『エンチクロペディー、第一部、『論理学』〕、二四九ページ。）」（同前２９０ページ）。

ヘーゲルの登場はこのあとも、まだまだ続き、初版全体で十数ヵ所にのぼりますが、初版刊行当時のマルクスが、俗流唯物論者たちの〝ヘーゲル「死んだ犬」論〟を聞いて、どれだけ頭にきていたかがわかります。ただ、これらの注のなかには、私たちがいま読んでも、マルクスの経済学説の理解を助けるのではなく、それをより難解にするという性質の補注が多くありました。マルクスが、第二版以後、それらの多くを割愛したのは、正解だったと思います。

弁証法について。マルクスの「第二の命題」

マルクスは、そこから、マルクスが取り組んだ弁証法の中心問題――ヘーゲルのもとでそれがまとっていた「神秘的な外皮」から弁証法をときはなち、その「合理的な核心」を発見するという弁証法の根本的な転換の問題に話を進めます。

「弁証法がヘーゲルの手のなかでこうむっている神秘化は、彼が弁証法の一般的な運動諸形態をはじめて包括的で意識的な仕方で叙述したということを、決してさまたげるものではない。弁証法はヘーゲルにあってはさか立ちしている。神秘的な外皮のなかに合理的な核心を発見するためには、それをひっくり返さなければならない」(『資本論』新版①33ページ、ヴェルケ版Ｉ27ページ)。

弁証法と一口に言っても、ヘーゲル的、神秘的な姿態では、弁証法は、真理に迫る手段とはならず、歴史に逆行する反動的な役割さえ果たします。

マルクスは、語ります。

「その神秘化された形態で、弁証法はドイツの流行となった。というのは、それが現存するものを神々《こうごう》しいものにするように見えたからである」(同前、ヴェルケ版Ｉ27～28ページ)。合理的、唯物論的な姿態では、弁証法はまったく逆の、歴史の推進者の役割を果たします。

「その合理的な姿態では、弁証法は、ブルジョアジーやその空論的代弁者たちにとっては、忌まわしいものであり、恐ろしいものである。なぜなら、この弁証法は、現存するものの肯定的理解のうちに、同時にまた、その否定、その必然的没落の理解を含み、どの生成した形態をも運動の流れのなかで、したがってまたその経過的な側面からとらえ、なにものによっても威圧されることなく、その本質上批判的であり革命的であるからである」（同前33〜34ページ、ヴェルケ版Ｉ28ページ）。

私は、現存するものの「肯定的理解」のうちに「その必然的没落の理解」を含むことを前面におしだしたこの文章を、マルクスの弁証法観の到達点を特徴づける「第二の命題」（発展と没落の弁証法）と呼びたいと思います。

そして、「叙述の仕方」と「研究の仕方」の区別を指摘したさきの「第一の命題」（研究過程の弁証法）と、「肯定的理解」のうちに「必然的没落の理解」を含むとした「第二の命題」（発展と没落の弁証法）と、この二つの角度からの探究に、もう一つ、他の角度（使用価値と交換価値の弁証法）からの探究もくわえて、『資本論』および諸草稿の執筆の過程で、マルクスの弁証法がどのような進化を遂げ、それが、現在私たちが読んでいる『資本論』全三部にどのように結実しているかを、見てゆきたいと思います。

第一篇　研究過程の弁証法

――「叙述の仕方」と「研究の仕方」――

この篇では、『資本論』第一部第二版への「あと書き」にマルクスが書きつけた「第一の命題」（研究過程の弁証法）の内容を、立ち入って検討したいと思います。そのために、その命題の全文をもう一度紹介します。

「もちろん、叙述の仕方は、形式としては、研究の仕方と区別されなければならない。研究は、素材を詳細にわがものとし、素材のさまざまな発展諸形態を分析し、それらの発展諸形態の内的紐帯《ちゅうたい》をさぐり出さなければならない。この仕事を仕上げてのちに、はじめて、現実の運動をそれにふさわしく叙述することができる。これが成功して、素材の生命が観念的に反映されれば、まるである〝先験的な〟構成とかかわりあっているかのように、思われるかもしれない」（『資本論』新版①32ページ、ヴェルケ版Ｉ27ページ）。

先にも述べたことですが、私は、最初のうちは、この文章を、研究と叙述の方法についての一般的な解明として、その意味をあまり深く考えずに読んでいました。しかし、『資本論』にいたる諸草稿の執筆過程を読み進むなかで、そこには、マルクスの弁証法観の進化とその到達点、より率直にいえば、マルクス自身の研究態度についての反省をふくむ、たいへん深い意味がこめられているのではないか、と考えるようになりました。

その問題意識をもって、『資本論』諸草稿、とくにその前半部分――『五七～五八年草稿』および『六一〜六三年草稿』の執筆経過を検討してゆきたい、と思います。

一　方法論の角度から「序説」を読む

マルクスは、1857年8月に、『資本論』の最初の草稿である『五七〜五八年草稿*』の執筆を開始するにあたって、「A　序説」と題する文章を書きました。

＊『五七〜五八年草稿』　『五七〜五八年草稿』は、「ノートM」に書いた「序説」を別として、本文は七冊のノートからなっています。最初の「ノート第一冊」は、冒頭にフランスのプルードン主義者ダリモン（1819〜1902）の著作『銀行の改革』にたいする批判その他がノートで12ページにわたって書かれ、「貨幣に関する章」の本体部分は、12ページ目の後半から始まります。

ここでマルクスが主題にしたのは、経済学の研究にどういう姿勢で取り組むか、その基本点の探究ですが、大きく言って、二つの問題がとりあげられています。

経済学の研究対象について

（一）一つは、研究の対象についての問題です。マルクスは、ここで、歴史的にさまざまな発展段階を経てきた人間社会の全体を研究するのか、それとも今日の支配的な体制であるブルジョア的体制*を研究するのか、と提起し、「近代のブルジョア的生産を取り扱う」ことこそ、「われわれの本来の主題」だ、という答えをだします（『資本論草稿集』①28ページ、古典選書『「経済学批判」への序言・序説』27ページ。以下の引用では、後者の表記は『序言・序説』とします）。

＊ **ブルジョア的体制**　マルクスが、現在の経済体制の表現に、「資本主義的生産」、「資本主義的生産様式」という言葉を使用するようになるのは、1860年1～2月の「引用ノートへの索引」（『資本論草稿集』③所収）執筆以後のことで、それ以前は「ブルジョア的生産」などの用語が使われていました。本書では、マルクスの文章はそのまま引用しますが、私自身の文章では、時期のいかんにかかわらず、資本主義的生産、資本主義的生産様式などの言葉を使うようにしていますので、ご了解ください。

次は、その経済体制をどこに基点をおいて研究してゆくべきか、という問題です。マルクスは、生産、分配、交換、消費という四つの項目をあげ、その諸関係を吟味したうえで、これら諸項目は「すべて一つの総体の諸分肢」をなしており、生産こそが「他の諸契機をも包括している」という結論をひきだします（『資本論草稿集』①48ページ、『序言・序説』57ページ）。

この第二の、生産など四項目を基点に研究するという問題の検討に入るところで、ヘーゲル弁証法に特有の「三分法」*が、早くも出てくるのには、少し驚かされます。

「分配は、生産物が諸個人の手にはいってゆく割合（分量）を規定する。交換は、個人が分配によって彼に割りあてられる分け前を要求するその生産物を規定する。

こうして、生産、分配、交換、消費は、一つの規則にかなった**推論**をなしている。生産は**一般性**、分配と交換は**特殊性**、消費は**個別性**であって、そういうかたちで全体が連結している」（太字は不破、同前34ページ、『序言・序説』35ページ）。

別に、ここから、立ち入ったヘーゲル的理論展開が続くわけではないのですが、いくつかの概念が並ぶと、すぐそれらの関係をヘーゲル風に整理してみたくなる、このあたりにひさしぶりにヘーゲルにふれたマルクスの気分が読みとれる気がします。

＊ ヘーゲルの「三分法」 ヘーゲルは、事物の発展について、正・反・合、あるいは定立・反定立・総合など、三つの局面を指摘しました。あとでマルクスが提起する、一般性・特殊性・個別性という分析の三局面も、論理学におけるその事例の一つです。

（二）「序説」がとりあげる第二の重要問題が、「経済学の方法」（第3節）の問題です。前に草稿執筆を開始した時点での、マルクスの経済学研究がどこまで到達していたかについての推定を述べました（本書25～29ページ）。

（1）資本主義的生産研究の核心をなす剰余価値の発見。

（2）資本分析の基本角度を設定した不変資本、可変資本の概念の確定。

（3）この体制の「必然的没落」の理解の基本点となることが予定される「利潤率低下の法則」の秘密の発見。

これらの三つの問題は、すべて、古典派経済学が達成しえなかったもので、マルクスが、それまでの研究を通じて明確な科学的解答を確立してきた問題であり、当然、これからの研究の理論的基礎となるべきものでした。そして、これらの理論的成功が、この時点で草稿執筆を決意する根拠となったと推定しても、おそらく間違いはないと思います。

ただ、資本主義的生産の全体像の解明から言えば、研究はまだ第一歩を踏み出したというべきところで、研究すべき課題は膨大な規模で残されていました。マルクスは、この経済体制のさまざまな側面、諸契機、諸規定、あるいは運動の法則性などについて、過去の経済学が何を研究し、どこまで前進したか、論争点がどこにあるかなどの歴史は、手にはいるかぎりの著作や論稿を読んで徹底的に研究し、数十冊にのぼるノート*に記録してきました。しかし、マルクス自身の見解について言えば、それがまだ確立されていない分野や問題が、広範に残されていたのが、草稿執筆を開始した時点の現状だったと思います。

＊**数十冊の経済学ノート**　マルクスは１８４３～４４年のパリ時代から、その地の図書館に通って過去の経済学の著作からの抜粋ノートの作成を開始し（『パリ・ノート』九冊）、『ブリュッセル・ノート』六冊（１８４５～４７年）、『マンチェスター・ノート』八（M五冊、E三冊）冊（１８４５年）、『ロンドン・ノート』二四冊（１８５０～５３年）など、四八冊にものぼるノートに、経済学の歴史に関する知識の膨大な集大成を記録しました。

そして、『資本論』草稿の執筆過程で、これらのノートを効果的に利用するために、重要な部分を転記した「引用ノート」を作成しますが、このノート自体が９０ページをこえる大冊になったため、さきほどの注でふれた「引用ノートへの索引」まで作って、活用したのでした（この「引用ノートへの索引」は、引用された文献への詳細な解説をつけて、『資本論草稿集』③４６５～４９８ページに収録されています）。

現在のこういう到達点から出発して、資本主義的生産の全体像とその諸規定、諸法則の解明に向かって、どういう道を進むべきなのか、どういう問題をどういう順序で研究してゆくべきか。マルクスが草稿の執筆開始にあたって、経済学の「方法」の問題として、最も注意を集中したのは、この問題でした。「序説」の「3　経済学の方法」の主題は、まさにこの問題――研究の順序の探究にあてられています。

マルクスはまず、人間の認識の発展の行程を問題にします。人間の認識は、「実在的」で「具体的」なものから出発して、経済学で言えば、より抽象的な諸概念に分析的に進み、最後には「もっとも単純な諸規定」（たとえば、労働、分業、欲求、交換価値など）に到達します。そして、この道を逆行して「後方への旅」を歩むのが、経済学の本来の道だとするのです。

「第一の道は、経済学がその成立のころに歴史的に歩んできた道である。たとえば一七世紀の経済学者たちはいつも、生きた全体である、人口、国民、国家、いくつもの国家などから始めている。しかし彼らはいつも、分析によって、分業、貨幣、価値などのような、いくつかの規定的な抽象的一般的諸関連を見つけだすことで終わっている」（『資本論草稿集』①50ページ、『序言・序説』60ページ）。

この到達点は、後代の経済学、A・スミスやリカードウに代表される古典派経済学にとっては、探求の出発点となりました。その道筋は次のとおりです。

「これらの個々の諸契機が多かれ少なかれ確定され抽象されてしまうと、労働、分業、欲求、交換価値のような単純なものから、国家、諸国民の交換、そして世界市場にまで上向していく経済学の諸体系が始まった」(同前)。

続いて、マルクスは、この二つの道を対比して、第二の道こそが、今日の経済学がとるべき正当な方法であることを指摘します。

「このあとの方が、明らかに、学的に正しい方法である。具体的なものは、それが多数の諸規定の総括であり、したがって多様なものの統一であるからこそ、具体的である。それゆえ具体的なものは、それが現実の出発点であり、したがってまた直観と表象との出発点であるにもかかわらず、思考においては総括の過程として、結果として現われるのであって、出発点としては現われない。第一の道では、完全な表象が蒸発させられて抽象的規定となったのだが、第二の道では、抽象的諸規定が思考の道をへて具体的なものの再生産に向かっていく」(同前)。

マルクスは、これから、第二の道を、古典派経済学とは異なる、より前進した科学的な態度で進もうとするのですが、その進路の設定にあたって提起されたのが、哲学の先達であるヘーゲルの弁証法を、その観念論的形態から逆立ちさせて活用するという方法論的構想でした。

まずマルクスは、ヘーゲルの弁証法の批判的な紹介をおこないます。

「ヘーゲルは、実在的なものを、自己を自己のうちに総括し、自己のうちに深化してゆき、そして自己自身から発して運動する思考の結果として把握するという幻想におちいったのであるが、しかし抽象的なものから具体的なものへ上向する方法は、具体的なものを自己のものとし、それを一つの精神的に具体的なものとして再生産するための、ただ思考にとっての方式であるにすぎない。しかしそれは、具体的なものそれ自体の成立過程ではけっしてないのである」(同前、『序言・序説』60～61ページ)。

マルクスのここでのヘーゲル批判には、独特の特徴があります。

――「抽象的なものから具体的なものへ上向する」過程は、人間の思考が現実の世界をより深く理解する認識の深化・前進の過程であって、客観世界の成立の過程では決してない。

――それを取り違えたところに、ヘーゲル弁証法の観念論的逆立ちがあるが、人間がその客観世界を認識する過程を把握する弁証法の方法そのものには、自分の経済学の展開に役立つ有益な内容がある。

こういう立場から、マルクスは、『五七～五八年草稿』冒頭の「序説」で、ヘーゲルの哲学的方法を特別に取り上げ、詳細な批判的分析をおこなったのでした。

マルクスは、つづく文章で、ヘーゲルの思考方法、すなわち、その弁証法を経済学に利用するさいの注意事項を、次のような言葉でまとめています。

「哲学的意識」にとっては、「諸範疇の運動が現実的な生産行為……として現われ、それの成果が世界なのである。そしてこのことは、……具体的な総体が思想の総体として、一つの思想の具体物として、じっさい思考の、概念的に把握する行為の産物であるかぎりでは、正しい。しかしそれはけっして、直感と表象の外部で、……自己自身を生みだしてゆく概念の産物ではなく、直観と表象とを諸概念へと仕上げていく行為の産物である。……実在的な主体は、あいかわらず頭脳の外で、その自立性を保って存立しつづける。……それゆえ理論的方法のばあいも、主体である社会が、前提としていつでも表象に思い浮かべられていなければならない」（同前50～51ページ。『序言・序説』60～61ページ）。

これをいま理解できる言葉に翻訳すれば、おおよそ次のような筋道になると思います。

――ヘーゲルに代表される「哲学的意識」では、自分の頭の中での「諸範疇の運動」が「現実的な生産行為」だとされるが、「諸範疇の運動」とは、現実には「具体的な総体」から出発し、それについての「直観と表象とを諸概念へと仕上げていく」理論的認識の過程であって、その過程を経て到達するのは、概念的世界ではなく、認識の対象は、「あいかわらず頭脳の外で、その自立性を保って存立しつづけ」ているのである。だから、われわれが弁証法の方法を活用しようとする場合には、主対象である「社会」は頭脳の外に実在する存在であり、認識の進展とは、頭脳の外に存立するその社会への理論的認識がより深く前進するという意味であることを、大前提として常に銘記していなければならない。

マルクスは、経済学の研究にヘーゲルの弁証法を活用する際に守るべき原則的態度を、こういう内容であらためて確認したのでした。

著作の構成序列について

マルクスは、「経済学の方法」の節の最後の部分で、以上の考え方を背景に編成した著作の構成を、次のように記載しています。

「篇別区分は、明らかに、次のようになされるべきである。すなわち、(一) 一般的抽象的諸規定。それらはしたがって多かれ少なかれすべての社会諸形態に通じるが、それも以上に説明した意味で。(二) ブルジョア社会の内的編制をなし、また基本的諸階級がその上に存立している諸範疇。資本、賃労働、土地所有。それら相互の関連。都市と農村。三大社会階級。これら三階級のあいだの交換。流通。信用制度(私的)。(三) ブルジョア社会の国家の形態での総括。自己自身にたいする関連での考察。『不生産的』諸階級。租税。国債。公信用。人口。植民地。移民。(四) 生産の国際的関係。国際的分業。国際的交換。輸出入。為替相場。(五) 世界市場と恐慌」(同前62ページ、『序言・序説』76ページ)。

この構想の大局は変わりませんが、マルクスは、『五七~五八年草稿』のなかで、若干内容に手をくわえた構想を二度にわたって書きつけました*(同前252~253ページ、310~311ページ)。そして、1859年に刊行した『経済学批判』の「序言」では、第二次構想の各篇の表題を簡略化した形で、著作全体の構想を、次のように発表しました。

「私はブルジョア経済の体制をつぎの順序で考察する。資本、土地所有、賃労働、そして国家、外国貿易、世界市場。はじめの三項目では、私は近代ブルジョア社会が分かれている三大階級の経済的生活諸条件を研究する。その他の三つの項目のあいだの関連は一見して明らかである」（『序言・序説』11ページ）。

＊　**二つの構想の内容**　ここで注目されるのは、この二つの構想で、最後の「世界市場」の項に、それぞれ次のような内容の解説がつけられていたことです。こうした内容説明は、ほかの項には見られないものでした。

第一次の改定構想の場合。

「この世界市場の篇では、生産は総体性として措定されており、同様に生産の諸契機のいずれもが措定されている。しかしながら同時に、そこではすべての諸矛盾が過程に登場する。世界市場はこのばあいまたしても、同様に全体の前提をなし、全体の担い手をなしている。そのさい恐慌は、前提をのりこえることへの全般的指示であり、新しい歴史的姿態の受容への促迫である」（『資本論草稿集』①253ページ）。

第二次の改定構想の場合。

「最後に世界市場。ブルジョア社会が国家をのりこえて押しひろがること。恐慌。交換価値のうえにうちたてられた生産様式と社会形態の解体。個人的労働を社会的労働として、またその反対に、社会的労働を個人的労働として実在的に措定すること」(同前３１１ページ)。

「世界市場」の項にとくにつけられたこれらの内容説明は、マルクスの篇別構想のなかで、「世界市場」の項が、資本主義的生産の「必然的没落」を最終的に解明する項目として、特別の意義をもっていたことを、示しています。この構想からは、恐慌についても、基礎的な分析は「資本」の項で与えられるとしても、恐慌が資本主義体制そのものを危機におとしいれる舞台となるのは世界市場だ、こういう理論的展望がマルクスの頭の中にあったことが推測されます。そして、この最後の項では、世界恐慌から出発して、社会変革の必然性、さらには変革後の社会体制としての基本的な性格の解明まで論じられる構想だったことが、読み取れます。

この篇別構成には、とくにヘーゲルの論理の影響を受けたという様子は見受けられません。当時、マルクスが理解していた知識の範囲内で、これから研究するであろう資本主義的生産の諸契機を、常識的な序列で並べて見せた、という印象を持ちます。そして、問題は、これから研究すべき研究の対象を、本格的な研究が始まる前に、なぜ、このように序列づけ、著述の構成を決めてしまったのか、という点にあったと思います。それは、この第一篇の主題、すなわち、「叙述の仕方」と「研究の仕方」にたいする基本的な立場にかかわる問題でした。

マルクスは、『資本論』第一部を完成したのちに、第二版「あと書き」で、先行すべきは「研究の仕方」で、そこでは、「素材を詳細にわがものとし、素材のさまざまな発展諸形態を分析し、それらの発展諸形態の内的紐帯《ちゅうたい》をさぐり出さなければならない」、その仕事を仕上げて後に、「はじめて、現実の運動をそれにふさわしく叙述することができる」、すなわち、その段階ではじめて「叙述の仕方」が決まる、と書きました（『資本論』新版①32ページ、ヴェルケ版I27ページ）。

しかし、1857年、最初の草稿を書き始める時点のマルクスは、それとは正反対の態度、素材そのものの研究に先立って、研究の篇別構成、すなわち、「叙述の仕方」をまず決定し、そこから研究を開始する、というまったく逆の方法をとったのです。

しかも、最初に決定したこの篇別構成は、それに続いて決定した「資本」の篇の構成序列とともに、その後ほぼ8年間――1865年初頭の理論的激動の時点にいたるまで、マルクスの執筆活動を支配し続けたのでした。

なお、マルクスは、「3　経済学の方法」に続く「序説」の最後の節で、史的唯物論についてテーゼ風の解説をおこないますが、そのなかで、「弁証法」という言葉が、マルクス自身の方法論に属するものとして登場します。唯物論者マルクスが自分の弁証法について語った最初の文章として、注目しておきたいと思います。

「生産力（生産手段）と生産関係という諸概念の弁証法。その限界が規定されるべきであるところの、そして実在的区別を止揚しないところの一つの弁証法」（『資本論草稿集』①63ページ、『序言・序説』79ページ）。

二 「資本一般」が『五七～五八年草稿』の内容

「三分法」が「資本」部分を構成する指針となった

マルクスは、『序説』の執筆からしばらく間をおいて、1857年10月に、「貨幣に関する章」を書き始めますが、その最初の部分は、先ほど述べたように（本書53ページの注）、マルクス自身の貨幣論ではなく、フランスのプルードン主義者ダリモンの銀行改革論などへの批判でした。「貨幣に関する章」の本文は、そのあと（『資本論草稿集』①112ページ）から始まります。

そして、「資本に関する章」に入ってから、「資本」の項全体の内容構成の検討が始まるのです。マルクスは、この構成のプランを二度にわたって書きつけます（同前310～311ページ、329ページ）。最初のプランでは、ヘーゲルの「三分法」は、構想の最初の部分に影を落としているだけでしたが、第二のプランでは、構想の全体が、「三分法」で二重三重に構成されるようになりました。

第二のプランの内容は、次の通りです（マルクスの原文は、Ⅰ、Ⅱ、Ⅲの大項目ごとの行替えした表示ですが、ここでは、構成の特徴を明示するために、表示の様式を変えています）。

「資本。

Ⅰ．一般性。（一）(a)貨幣からの資本の生成。
(b)資本と労働（他人の労働によって媒介された）。
(c)資本の諸要素、それが労働にたいしてもつ関係にしたがって分解されたもの（生産物。原料。労働用具）。
（二）資本の特殊化。(a)流動資本。固定資本。資本の通流。
（三）資本の個別性。資本と利潤。資本と利子。利子および利潤としてのそれ自身から区別された、価値としての資本。

Ⅱ．特殊性。（一）諸資本の蓄積。
（二）諸資本の競争。
（三）諸資本の集積（同時に質的な区別でもあり、また資本の大きさと作用の尺度でもある、資本の量的な区別）。

Ⅲ．個別性。（一）信用としての資本。

（二）株式資本としての資本。
（三）金融市場としての資本。金融市場では、資本はその総体性において措定されている。そこでは資本は、価格を規定するもの、労働を雇用するもの、生産を規制するもの、一言で言えば生産源泉である」（同前329ページ）。

実に詳細な内容構成ですが、このプランを編制したマルクスは、このとき、ここに表題を書き上げた諸項目について、どれほどの認識をもっていたでしょうか。

たとえば、このプランで、まっさきに出てくる新しい概念は、「固定資本」、「流動資本」という規定です。ところが、この時点では、マルクスは、この二つの概念について、多くの経済学者がそれぞれなりにさまざまな規定をしていたことは知っていましたが、自分としての明確な内容規定をまだ確立していませんでした。『五七～五八年草稿』では、やがてこの規定づけに取り組むのですが、自身も納得のゆく科学的な規定にたどりつくまでに、本当に四苦八苦します。

のちには、（1）「素材を詳細にわがものとし」、（2）「素材のさまざまな発展諸形態を分析し」、（3）「それらの発展諸形態の内的紐帯をさぐり出さなければならない」、そうしてはじめて「叙述の仕方」を決定することができる、と語ったマルクスですが、草稿執筆の最初の時点では、最初の要請である「素材を詳細にわがものとする」という努力にまだとりかかりさえしない時点で、「資本」部分の内容構成、すなわち「叙述の仕方」を決定してしまったのです。

このプラン作成以後、マルクスが実際にとりかかったのは、「I　一般性」の項の執筆でした。

この項は、その後、「資本一般」と略称されるようになります。

マルクスは、『五七〜五八年草稿』執筆の最終段階で、著作の冒頭部分である「Ⅰ　資本」の内容を次のように説明しました。

「Ⅰ　資本は四つの篇に分かれる。(a)資本一般。（これが第一分冊の素材だ。）(b)競争、すなわち多数資本の対相互行動。(c)信用、ここでは資本が個々の諸資本に対立して一般的な要素として現われる。(d)株式資本。最も完成した形態（共産主義に移るための）であると同時に資本のあらゆる矛盾を具えたものとしてのそれ*」（マルクスからエンゲルスへ、1858年4月2日、『書簡選集・上』121ページ）。

＊　このプランを『五七〜五八年草稿』中の先のプランとくらべてみると、「Ⅰ　一般性」が「(a)資本一般」に、「Ⅱ　特殊性」が「(b)競争」に、「Ⅲ　個別性」が「(c)信用」と「(d)株式資本」に対応するという形で、『草稿』中のプランの内容がひきつがれていることがわかります。

そして、『五七〜五八年草稿』だけでなく、次の『六一〜六三年草稿』も、それにつづく『資本論』第一部初稿（1863年8月〜64年夏執筆）および第三部最初の三章の草稿（1864年夏〜12月執筆）も、すべてこの「資本一般」の枠組みのなかで書かれたものでした。そして、その枠組みは、研究と執筆の過程にさまざまな問題をひきおこすことになりました。

以下、その経緯を立ち入って見てゆくことにします。

「資本一般」をどう定義づけるか

著作の最初の部分を「資本一般」と定義づけはしたものの、その内容をどう定義づけるか、の問題では、一苦労がありました。プラン作成の時には、まだこの概念の意味がはっきりしていなかったのです。

マルクスは、資本と労働との交換（資本による労働力の購買）から、剰余価値の生産過程へ「資本」の分析を進めながら、要所要所で、「資本一般」の部分の研究範囲についての考察を進めます。最初の考察は、次の文章です。原文は一続きの文章ですが、内容は「資本一般」についていろいろな角度からの定義を併記したものと読めるので、段落ごとに改行して紹介してみました。

「われわれがここで考察するかぎりでは、資本は、価値と貨幣から区別されるべき関係として、資本一般であり、すなわち資本としての価値をたんなる価値または貨幣としての自己から区別する諸規定の総括である。

価値、貨幣、流通など、諸価格などは前提されており、労働なども同様に前提されている。しかしわれわれは、まだ資本の特殊的形態をも、また他の個別的諸資本などから区別された個別的資本をも取りあげてはいない。

われわれはいま資本の発生過程に立ち会っている。この弁証法的発生過程は、資本が生成する現実的運動の観念的表現にすぎない。

それからあとの諸関連は、この萌芽からの展開と見なされるべきである。しかし資本がある一定の点で措定されるさいにとる規定された形態を確定することは、必要である。そうしなければ、混乱が生じる」（『資本論草稿集』①376～377ページ）。

いろいろ説明されていますが、まだ「資本一般」の概念の適用範囲を具体的に規定づけるところまでは、話が進みません。

こういう議論から出発して、時に触れての検討が進む中で、次第に「資本一般」という概念の輪郭が浮かび上がってきます。

その一つは、すべての資本に共通する、資本の一般的性格に属する問題は、すべて、「資本一般」の部分で研究されるべきだ、ということ。そのなかには、資本が、過去のどの体制をも比類なくうわまわる規模で、生産力をはじめ社会的発展の推進力となるという、いわゆる「資本の文明化諸傾向」の問題なども含まれます（『資本論草稿集』②26ページ）。

もう一つは、資本の特殊な形態や、多数の資本が関連する運動形態などは、「資本一般」の研究対象にすべきでない、ということです。

この制限条項は、『五七～五八年草稿』での研究に非常にせまい枠をはめる結果になりました。研究の過程で、ある重要問題を取り上げその解決に成功したものの、この主題は「資本一般」の枠外だという自己判定をくだしてせっかくの研究成果をお蔵入りにするとか、取り上げた問題を資本一般の枠内にはめ込むために不自然な論理展開をする、などなどのケースが各所に出てくるのです。

忘れられた再生産論の最初の表式化

まず枠外という理由でせっかくの研究をお蔵入りさせた一例をあげましょう。

「資本の生産過程」を終えて、第二項目である「資本の流通過程」の研究に入ったところで、マルクスは、「労働者は自分の生産物を買い戻すことができない」というプルードンの議論を取り上げます（同前41ページ）。これは、プルードンが、過剰生産の説明のために、『所有とはなにか？……』と題する第一論文（1841年）でもちだした議論で、これが本当なら、労働者を雇った生産活動はいつでもどこでも過剰生産になってしまいます。しかし、これをきちんと反論しようと思うと、結構、複雑な議論を必要とするのでした。*

＊「**労働者は……**」 プルードンのこの議論は、『草稿集』にも今後なんどか出てきますが、『資本論』にも登場します。第三部第七篇「第四九章　生産過程の分析によせて」の「注53」に、同じくフランスの俗流経済学者フォルカード（1820～69）とのこっけいな論争のかなり詳しい解説があります（『資本論』⑬1475～1476ページ、ヴェルケ版Ⅲ851ページ）。

マルクスは、この議論が、資本と労働との関係だけを取り上げて、資本と資本とのあいだの関係を無視した空論であることをさまざまな角度から論証して、プルードンを論破するのですが、その最後の部分で、この論証の端的な例解として、資本と資本とのあいだの生産物の需給関係を表式で示すことを試みました。

登場するのは、それぞれ異なる製造部門をうけもつ五人の資本家で、A、Bは原料の製造業者、Cは機械の製造業者、Dは労働者用必需品の製造業者、Eは資本家用剰余生産物の製造業者です。それぞれが100の商品を同じ規模で生産しつづけるとし、どの部門でも、生産物100のうち、20を労働者が、40を原料製造業者が、20を機械製造業者が購入し、20を剰余生産物として資本家自身が取得すると想定します。そうすると、次のような関係式が成立します。

		労働に		原料		機械装置		剰余生産物		
A	原料製造業者	20	―	40	―	20	―	20	＝	100
B	同　上	20	―	40	―	20	―	20	＝	100
C	機械製造業者	20	―	40	―	20	―	20	＝	100
D	労働者用必需品	20	―	40	―	20	―	20	＝	100
E	剰余生産者	20	―	40	―	20	―	20	＝	100

（『資本論草稿集』②73ページ）

このように、資本主義的生産の各部門を総合すれば、生産物の買い手が見つからないどころか、すべての生産物が過不足なく市場を見いだせることを、みごとに証明して見せた表式でした。

これは、経済学史上の大発見で、マルクスの研究にとっても、画期的な意義をもつべきものでした。試みに、A、B、Cを「生産手段生産部門」と概括して「I」でくくり、D、Eを「消費手段生活部門」として概括して「II」でくくってみてください。そして、「労働に」を「v」、「原料」と「機械装置」を合わせて「c」、「剰余生産物」を「m」として、表式を組み替えてみてください。そうすると、『資本論』の読者にはおなじみの、次の表式が現われます。

I　180c+60v+60m=300

II　120c+40v+40m=200

これは、後年、マルクスが苦労して到達する単純再生産の表式そのものではありませんか。マルクスが単純再生産の表式を初めて書きつけたのは、1865年後半、『資本論』第三部第七篇を執筆するなかでのことでしたが（『資本論』⑬1466ページ、ヴェルケ版III846ページ）、マルクスの考察は、すでにその七年以上も前、『五七〜五八年草稿』の中で、再生産表式の成立の一歩手前の地点にまで到達していたのでした。

しかし、その一歩を引きとめたのが、多数の資本間の関係は主題としないという「資本一般」

の枠組みでした。

マルクスは、先の表式を書き、その内容のスケッチ的説明を書いたのちに、これは「資本一般」の箇所で論じるべき問題ではない、として、せっかくの考察を打ち切ってしまったのでした。

「この例はのちに詳論するかもしれないし、しないかもしれない。〔いずれにせよ〕本来はここで論じるべきことではない。とにかく明らかなのは、価値実現が、ここでは、資本家相互間の交換のなかで行なわれているということである」（『資本論草稿集』②75ページ）。

その後、「資本の循環」の検討に進む中で、資本同士の生産物の相互交換が問題になる場合がありました。しかしこの時も、マルクスは、次の言葉でせっかくの検討を打ち切ってしまいます。

「ここでは、多数の資本をもちこんで考察を混乱させるべきではない。多数の資本の関係は、むしろ、資本であるという、すべての資本に共通するものが考察されたのちに、明らかにされるであろう」（同前181ページ）。

利潤率低下の法則も「資本一般」の枠組みで論じる

「資本一般」の枠組みの影響は、マルクスが、『五七～五八年草稿』で、ブルジョア的生産の

「必然的没落」の理解の中心問題と位置づけていた、「利潤率低下の法則」の記述にも、大きな影を落としました。この問題は、「資本一般」の「第三の項目　果実をもたらすものとしての資本。……」（同前552ページ）の主要部分をなすはずの主題でした。

＊**「第三の項目」**　項目の番号づけは、ここではじめて登場することですが、これによれば、当然、「第一の項目」は「資本の生産過程」、「第二の項目」は「資本の流通過程」ということになります。

「利潤率の低下の法則」を問題にするためには、利潤率のたちいった研究、とくに平均利潤率の成立の問題を解決することが、どうしても必要になります。ところが、平均利潤率の成立を論じるには、市場における多数の資本の競争、なかでも資本構成の異なる諸資本のあいだの競争の解明が重要なカギになってきます。

しかし、「多数の資本」の関係を論じることは、「資本一般」の枠内では許されません。マルクス自身、さきに見たプルードン批判の部分で、論理の必要から一般的利潤率の成立に一歩踏み込んだことがありましたが（同前61〜62ページ）、ごく簡単にふれたあとで、「これ以上のことは、競争にかんする項目で論じるべきことである」（同前62ページ）と書いて、議論を打ち切っていました。

『五七〜五八年草稿』のなかに、マルクスが、一般的利潤率の成立を市場での競争と結びつけるわけにゆかない理由を、かなりたちいって語った文章があります。

「競争には、価値と剰余価値とについて立てられた基本法則とは区別して展開される基本法則がある。……市場価格としての価格、または一般的価格。それから、一つの一般的利潤率の措定。……要するに、ここではいっさいの規定が、資本一般におけるのとは逆となって現われる」（同前419ページ）。

このように、一般的利潤率の成立とは、本来的に言えば、「(a)資本一般」ではなく、「(b)競争」の項で扱うべき主題なのでした。しかし、資本主義的生産の没落の必然性を示すことは、「資本一般」の結論部分で避けることのできないテーマでしたから、「第三の項目」では、おそらく無理を承知のうえででも、「資本一般」の枠内で可能な論法を編み出す必要がありました。

マルクスは、この矛盾をさける論理を、「第三の項目」に先立つ研究のなかで準備しました。それは、資本間の競争によって成立する「平均利潤率」（あるいは一般的利潤率）を問題にするのでなく、「総利潤と総賃銀とのあいだの割合」を問題にする、という論理です。この論理によれば、「資本家間の競争」を問題にすることなしに、社会的生産の全体を支配する「利潤率」の変動を問題にすることができる、というわけです。

「資本家間の競争は、資本家たちが総利潤を分かち合うときの割合を変えることができるだけで、総利潤と総賃銀とのあいだの割合を変更することはできない。利潤の一般的水準とは、この、総賃銀にたいする総利潤の割合のことであり、この割合は競争によって変更されるものではないのである」（同前242ページ）。

しかし、これはあまりにも強引な論理でした。こう主張したマルクスが、さきに見た同じ『草稿』の別の部分では、「一般的利潤率の措定」は競争によるもので、「資本一般」における論理とは「逆」のものだと言明しているのですから。

こうして、自身も自覚した矛盾をあえて押し切って論理の準備をととのえたうえで、マルクスは、「第三の項目　果実をもたらすものとしての資本。……」の冒頭部分から、「利潤率低下の法則」についての理論的展開を開始します。

マルクスがこの時、利潤率低下の法則を特別に重視した理由は、この法則の発現のうちに資本主義的生産の「必然的没落」の最大の根拠があると考えたところにありました。しかし、これは、マルクスの「第二の命題」（発展と没落の弁証法）の核心にかかわる問題ですから、本書では、「必然的没落」論にかかわる議論の検討は、資本主義的生産の発展と没落の弁証法を研究する第三篇に譲ることにします。

ただ結論だけは述べておきましょう。マルクスは、ここで、資本主義的生産様式の運命にとって、この法則が持つ決定的、致命的意義を強調したものの、どういう仕組みと経過で、この法則が資本主義の崩壊をもたらすかの論証はできず、結局は、この法則の作用のもとで、恐慌がもたらされ、さらに「高い規模でのそれらの反復に、そして最後には、資本の強力的な転覆にいたる」（同前559ページ）という結末を、仮説に仮説を重ねたうえで強引に断定するということにとどめざるをえなかったのでした。

同じ弱点は『六一～六三年草稿』にもひきつがれた

マルクスは、次の草稿である『六一～六三年草稿』でも、一般的利潤率の成立を市場での競争と結びつける見方を回避する態度を、とり続けました。

この『草稿』の「第三章　資本と利潤」部分は、1861年12月～62年1月の時期に執筆されたものと推定されますが、マルクスはここでも、一般的利潤率の成立を、競争と無関係なところに求めました。

「総資本つまり資本家階級全体が生産する総剰余価値は、資本総体の総利潤の絶対的な尺度である。……したがって総利潤は絶対的な価値量（それゆえ絶対的な剰余生産物、商品量）であり、これを資本家階級はいろいろな名称で自分たちのあいだに分配することができるのである。……平均利潤は、ただ、いろいろな資本が総利潤の可除部分を自分たちのあいだで分配する特定の計算方法の結果を表わしているにすぎない。諸資本が自分たちのあいだで分配すべきものは、ただ、総利潤または総剰余価値の絶対量によってのみ決定されるのである」（『資本論草稿集』⑧136ページ）。

市場における平均化作用を否定するために、総資本が生みだす総剰余価値が先にあって、あとからそれを、資本家階級が分配するのだとする——たいへん強引な論理ですが、多数の資本の競争という、「(b)競争、すなわち多数資本の対相互行動」に属する市場問題への越境的な論及を避けるために、この強引な論理にあくまで固執したと見るべきでしょう。恐慌の問題でも、この時、『五七～五八年草稿』とは、別の論理だてで、利潤率低下の法則から恐慌の必然性を引き出すことを試みますが、成功しませんでした。

同じ『六一～六三年草稿』のなかでも、ほぼ一年後に書いた地代理論の展開の際には、市場競争による一般的利潤率の成立が正面から論じられます。この問題は、本篇第四章でとりあげますが、「資本一般」という枠組みの不合理さは、このあたりにも、隠しようのない様相で現われてくるのでした。

三　次の草稿執筆を周到に準備する

マルクスは、『五七～五八年草稿』を書いたあと、その商品＝貨幣論の部分を『経済学批判第一分冊』にまとめ、１８５９年1月に執筆を終えていました（刊行は同年6月）*。次に執筆した草稿が『六一～六三年草稿』ですが、この仕事にかかるまえには、たいへん大がかりな準備作業をしました。

＊　この問題でも、商品の性格規定をめぐって弁証法にかかわる重要な理論的進展がありましたが、それは、「第二篇　使用価値と交換価値の弁証法」の主題として、研究することにします。

最初におこなったのは、それまで十数年にわたって書きためてきた経済学研究の抜粋ノートの「索引」をつくる仕事でした。このノートは、『五七～五八年草稿』執筆の際にも大いに利用したのですが、その時は、引用したり参照したりする必要が出てきたとき、問題箇所の記録がどのノートにあったかを記憶にもとづいて探し出す作業をしたのだと思います。その経験から、次の仕事をするときには、問題の著作や論稿をすぐ引き出せる「索引」が必要なことを痛感し、次の草稿の準備を、「索引」づくりの仕事から始めたのでしょう。

抜粋ノートから「引用ノート」を作成

『経済学批判』を脱稿したのち、マルクスは、1859年2月末から『五七～五八年草稿』の「ノート第七冊」の「抜粋篇」の作成にかかります（この「抜粋篇」の日本語訳は刊行されていません）。そして、1859年秋から、抜粋ノートの「索引」づくりの作業が始まったようです。

最初の作業は、抜粋ノートから、重要部分を抜き出し、必要なタイトルをつけて「引用ノート」に転記することでした。この作業過程についての研究に、大野節夫・佐武弘章「マルクス『引用ノート』の作成過程――1859~1861年――」（同志社大学経済学部『経済学論叢』第34巻第1・2号、1984年5月）がありますが、そこには、マルクスの作業ぶりが次のように記述されています。

「マルクスは一冊の抜粋ノートを最初からよみなおし、そこにみいだされる諸見解を適切なタイトルのもとに、あるいは新たなタイトルを書きこんで転記する作業をくりかえした」。この「引用ノート」の作成は、1861年夏に終わったと見られています。

1860年は、フランスのボナパルト帝政の隠れた奉仕者だった政論家フォークトが、1848年革命の時代、ならず者集団の首領だったという悪質な反共攻撃をマルクスに加え、マルクスが「党」の名誉を守るため、畢生《ひっせい》の事業である経済学の研究を中断して、反フォークトの闘争に全力を挙げた年でした。* しかし、この時期にも、マルクスは、「引用ノート」作成の仕事は、範囲を縮小しながらも継続していたようです。

＊ **反フォークトの闘争**　フォークトへのマルクスの反撃は、論難書『フォークト君』として、1860年12月に刊行されました。この時のマルクスの闘争ぶりとその結果は、不破『「資本論」刊行150年に寄せて』（2017年、日本共産党中央委員会出版局）の「革命家マルクスの決断」をご参照ください。

こうしてできあがった「引用ノート」は、総ページ数91ページ（うち4ページは欠落）に上る膨大なものでした。*

＊　**「引用ノート」への記載順序**　『資本論草稿集』③の「成立と来歴」には、抜粋ノートから「引用ノート」への記載の順序について、次の記述があります。

「『引用ノート』は、マルクスによって段階的に作成された。つまり、彼はまず、ノート第Ⅷ冊から始まる彼のロンドン経済学抜粋ノートを利用し尽くし、ついで一八四〇年代のノート（パリ、ブリュッセル、マンチェスターで作成された）を付け加え、そして最後に、［『五七～五八年草稿』の］ノート第Ⅶ冊のうち抜粋のために使われた部分に収められていた材料を加えたのである」（『資本論草稿集』③の「成立と来歴」編集説明ノンブル59ページ。［　］内は不破の注記）。

「引用ノートへの索引」と「資本主義」の呼称の登場

これでは、「引用ノート」のページ数があまりにも厖大で、必要な文献とその箇所の探索にまだ多くの手間がかかります。そこでマルクスは、1860年1～2月、こんどは、「引用ノート」の索引づくりにとりかかりました。

それが、『資本論草稿集』③に収録されている「引用ノートへの索引」（同書465〜498ページ）です。一見、30ページを超える規模に見えますが、これは、編者が対応する文献についての「注」を付けたためで、「索引」の実態はマルクスのノートでわずか七ページという超圧縮版です。「索引」から「引用ノート」へ、必要な場合にはもともとの抜粋ノートへ、こういう文献調査の便法が開かれたわけで、二年がかりのこの準備作業は、『資本論』にいたる研究と執筆の作業の能率化に大いに貢献したと思います。

「引用ノートへの索引」で、注目されるのは、これが、私たちがいま読めるマルクスの文章の中で、「資本主義的生産」という言葉が出てくる最初の文書だという点です。

冒頭、「a　資本と賃労働の関係の形成」の項に、「植民地では資本主義的生産の諸条件が欠けている」という言葉があります（同前465ページ）。ウェイクフィールドの論文「スミス『諸国民の富』への注解」からの抜粋に対応する言葉なのですが、ウェイクフィールドにも、「索引」作成のもとになった抜粋ノートにもこの言葉はありません。マルクスが「索引」作成のさいに新たに書きつけたのでした。「資本主義」という言葉の、実に静かな誕生でした。そのあとも、「l　資本。（資本の種類。）（一三）」の項で、「資本主義的生産の諸制限。（三五）」という言葉が、重ねて出てきます（同前483ページ）。そして、「v　機械」の項では、「資本主義的生産様式」という規定も登場しました。*

「v　機械。（二三）［「引用ノート」のページ数＝不破］従来の生産様式の資本主義的生産様式への転化。」（同前496ページ）。

＊　吉田文和氏によると、マルクスは、「引用ノート」（1859～61年作成）の段階で、すでに「資本主義的生産様式」の規定を使用していたとのことです（吉田文和「マルクス『引用ノート』における『機械』」（北海道大学『經濟學研究』第36巻第3号、1986年12月）。

これを転機として、マルクスは、これまで「ブルジョア的」などの言葉で表現していた現在の社会体制を、もっぱら「資本主義的」の形容句をもって呼ぶようになってゆきます。

『五七～五八年草稿』の「摘録」をつくる

マルクスが続いておこなったのは、『五七～五八年草稿』（その他の若干の準備稿を含めて）についての「摘録」を作成することで、この作業は、1861年6～7月におこなわれました（「私自身のノートにかんする摘録」『資本論草稿集』③499～539ページ）。

「摘録」の対象は、冒頭に「ノートC」（現存しない）と「ノートA」、「ノートB′」、「ノートB″」、「ノートM」が挙げられますが、そのあとは、「ノート第二冊」から「ノート第七冊」まで、『五七～五八年草稿』の資本にかんする部分の全体について、「摘録」が記述されています。

そこには、『五七～五八年草稿』を読み直しながら、「資本」にかんする新たな草稿を執筆する場合に、あらためて注意しておくべき諸項目が、実に丹念に拾いだされ、記録されています。マルクスが、草稿のどの部分を次に引き継ぎ発展させるべき部分として重視していたのか、どの部分をすでに乗り越えた問題として視野から外していったか、『五七〜五八年草稿』とこの「摘録」を対比しながら読めば、そこには、『五七〜五八年草稿』から『六一〜六三年草稿』にいたる過程でのマルクスの思考の歩みを探る「宝の山」があり、いろいろ有益な情報が得られるはずだと思うのですが、私自身、そう思いながら、その作業に本格的にはまだ手を付けないでいます。

この文書でも、「資本主義的生産」の用語は、もうごく当たり前の概念として、頻繁に登場します。

最初は、「ノート第二冊」の初めに近い部分にある「流通から資本主義的生産への移行。(一四、一五)」(同前502ページ)です。括弧内の数字は「ノート」のページ数ですから、原本に当たると、「貨幣の資本への転化」の章(『資本論草稿集』①293〜301ページ)がそれに相当します。そこでは、貨幣の流通の諸関係のなかでの資本の成立は論じられていますが、「資本主義的生産への移行」などの言葉は、もちろん一切使われていません。つまり、1857年のマルクスが、その時期なりの言葉で表現していた過程を、1861年のマルクスは、新しい用語で表現する、そういう進化を読みとる面白さが、そこにはあります。

これ以後、この「摘録」には、「資本主義的生産」の言葉が、繰り返し登場します(『資本論草稿集』③「ノート第四冊」513ページ、515ページ、516ページ、「ノート第五冊」518ページ、519ページ、「ノート第六冊」522ページ、「ノート第七冊」530ページ、536ページ）。この言葉は、「摘録」を通じて、マルクスの経済学研究のなかでの市民権を完全に獲得したのです。

また、「資本主義的生産様式」という言葉も、「ノート第五冊」の「摘録」から登場しはじめます。

「資本主義的生産様式とそれ以前のすべての生産様式との相違。（普遍性、等々）（二七、二八）資本の布教的な本性。」（『資本論草稿集』③518ページ）。

これは、『五七～五八年草稿』の「資本の循環」の項の一節を要約したものです。そこで、マルクスは、過去の生産様式と対比しながら、資本のもとでの生産力の普遍的発展が、その解体および新社会への交代の諸条件をつくりだすことを、熱情的な言葉で語っていました（『資本論草稿集』②216～219ページ）。

「この生産様式では生産諸力の発展――自由な、妨げられることのない、累進的な、そして普遍的な発展そのものが、社会の、だからまたそれの再生産の前提をなすのであり、そこでは出発点を乗り越えて進むことが唯一の前提なのである。この傾向は――これは、資本がもつ傾向ではあるが、同時に、一つの局限された生産形態としての資本自身に矛盾し、だからまたみずからの解体へと資本を駆り立てていく傾向なのであって――、資本をそれに先行するいっさいの生産様式から区別すると同時に、資本はたんなる通過点として措定されているのだ、ということをうちに含んでいるのである」（同前216～217ページ）。

ここで、マルクスは、研究の対象である現在の経済体制を「この生産様式」と呼ぶとともに、過去の経済体制を「それに先行するいっさいの生産様式」と呼んで、その対比を論じました。その文章を「摘録」に要約するときに、マルクスの筆が、当然の成り行きで「資本主義的生産様式」という言葉を生みだしてしまった、そんな推測も生みだされる、この言葉の誕生過程の興味深い一幕でした。

その反面、実際には、『五七～五八年草稿』の中で、経済学の新たな分野への第一歩を踏み出す事実上の成果をあげながら、「摘録」では、ほとんどその意義を無視された問題もありました。それは、前項（本書72～75ページ）でかなり詳しく紹介したプルードン批判に端を発した再生産論の問題です。

あの研究は、マルクスが、「ノート第四冊」でノートのページ数では、32ページから38ページにかけておこなった研究でしたが、「摘録」では、その問題では、プルードンへの回答だという説明もなく、次のような言葉でふれられただけでした。

「資本家が生産費にしかならない値段で売る場合には、〔剰余価値の〕他の資本家たちへの移転が生ずるが、労働者はそのさいほとんどなにも得をしない。（三四—三六）とくに三六」（『資本論草稿集』③515ページ）。

『六一～六三年草稿』のプラン作成

こうして「摘録」を通じて、『五七～五八年草稿』で展開した内容をより整理した形で把握し直したマルクスは、1861年夏に、「資本にかんする章」のプラン作成にとりかかりました。*

＊ プランの作成時期　『資本論草稿集』では、このプランの作成時期が、「一八五九年春または一八六一年夏」と推定されていますが（『資本論草稿集』③「成立と来歴」編集説明ノンブル57ページ）、「五九年春」というのは、たいへん不合理な推定だったと思います。もともと、「摘録」の作成というのは、次の草稿の執筆作業のためのものですから、まず「プラン」をつくって、その二年後に「摘録」にとりかかるというのは、ありえないことです。しかも、「プラン」での各項目で参照される『五七～五八年草稿』の内容の記述と、同じ部分の「摘録」での表現とを比較してみると、多くの場合、「プラン」では、「摘録」の表現がそのまま利用されたり、多少言い方を変えて使われたりしていることがわかります。

『資本論草稿集』のもとになっている『新メガ』は、対応する日本語版が、ある時期まではソ連と東ドイツのマルクス・レーニン主義研究所の責任で編集されていました。編集上の判定の粗雑な間違いは、いまの問題のほかにも、あちこちに目立ちます。利用するうえで、注意する必要がある点です。

このプラン草案は、全体の項目立てのプランと、それぞれの項に、『五七〜五八年草稿』のどの部分が対応するか、を書き込んだ詳細なもので、『経済学批判』の「資本」の章の構想が、この時点でどこまででき上がっていたかの全容がわかるものとなっています。細目は別として、項目立てのプランの全体の構成を紹介すると、次の通りです。

資本にかんする章へのプラン草案

I　資本の生産過程
　1　貨幣の資本への転化
　　α　移行
　　β　商品と労働能力の交換
　　γ　労働過程
　　δ　価値増殖過程
　2　絶対的剰余価値
　3　相対的剰余価値
　　α　多人数の協業
　　β　分業

γ　機械

4　本源的蓄積

5　賃労働と資本

Ⅱ　資本の流通過程

Ⅲ　資本と利潤

このプランは、「Ⅰ　資本の生産過程」に関する限り、『五七～五八年草稿』にくらべて、『資本論』の現在の構成にかなり近づいたものになっています。とくに、「1　貨幣の資本への転化」から「3　相対的剰余価値」にいたる前半は、ほぼ同じ型の構成と見てよいでしょう。とくに、資本主義的生産の発展を三段階に区分してとらえ、『五七～五八年草稿』では、資本の流通過程における固定資本のあり方の問題として論じた機械制工業の問題を、然るべき位置づけで研究することにしたのは、構成プランの重要な前進でした。

「Ⅱ　資本の流通過程」と「Ⅲ　資本と利潤」の諸項目は、『五七～五八年草稿』から関連する項目を拾った程度の内容ですが、「Ⅲ」では、七つの項目が列挙されているものの、『五七～五八年草稿』であれだけ重視した「利潤率低下の法則」を明示した項目がないのが目立ちます。ただ、項目に対応する『五七～五八年草稿』のページ数を調べると、利潤率低下の法則を論じた諸ページは、二番目の項目「資本と利潤」に丸ごと含まれており、この問題の位置づけには変化がないことがわかります。

このプランが、『五七～五八年草稿』と同じように、「資本一般」の枠内のプランであることは、言うまでもありません。現に、マルクスは、「Ⅱ　資本の流通過程」の2行目に、次のように書きつけています。

「諸矛盾（Ⅳ、一六、一七）（一八）｛この問題は、第二篇、諸資本の競争に属する。｝」（同前455ページ。この｛｝〈波括弧〉はマルクスによる）。

これは、流通過程での諸矛盾を問題にする場合、多数の資本の関係は、「資本一般」の篇に続く「第二篇　競争」で研究すべき主題だから、ここでは、「競争」の領域に踏み込まない範囲で研究せよ、という注意書きだと思います。プランを構成する場合にも、そうした注意事項を書き込むほど、マルクスは、みずから設定した「叙述の方法」のルールを重視していたのでした。

以上、『経済学批判』の公刊以後、『六一～六三年草稿』を準備するマルクスの二年あまりの活動の概観を終えました。

これから、いよいよ『六一～六三年草稿』そのものを読みながら、その過程でのマルクスの方法論の進化を考えてゆきたい、と思います。

四　『六一～六三年草稿』と「資本一般」

（1）『六一～六三年草稿』の執筆。1861年段階

『六一～六三年草稿』の執筆を開始

マルクスは、1861年8月、『六一～六三年草稿』の執筆を始めました。全体に模索の調子が強くあった『五七～五八年草稿』とは違い、12月までは、用意されたプランにしたがって、著作の完成稿に近い形式と内容で、「1　貨幣の資本への転化」、「2　絶対的剰余価値」、「3　相対的剰余価値」へと書き進めてゆきます。

そのなかで、注目される点について若干述べておきますが、まず「絶対的剰余価値」の項で

す。

ここでは、労働日の延長によって剰余価値を無制限に拡大することが資本の不断の要求であることを原理的に解明したあと、結論的な部分に、次のような叙述があります。

「近代産業の歴史が教えるところによれば、資本の無際限な要求は、労働者の個々ばらばらの努力によってはけっして抑えられなかったのであり、日々の総労働時間がある諸制限を（……）見いだすまでには、まずもって闘争が階級闘争という形態をとり、それによってまた国家権力の干渉が呼び起こされなければならなかったのである」（『資本論草稿集』④286ページ）。

これを読むと、『資本論』のなかの有名な一節、「大洪水よ、わが亡きあとに来たれ！」というフランス革命にかかわる一句に始まり、「社会による強制」こそが解決策だとした一節（『資本論』第一部第三篇「第八章　労働日」新版②471〜475ページ、ヴェルケ版Ⅰ286〜287ページ）を思い出す方もおいでではないか、と思います。まさに、これは、ほかならぬあの一節の原型だったのでした。

この草稿の本文では、『資本論』とは違って、労働日の延長をめぐる資本家の横暴やそのもとでの労働者の窮状、労働日の短縮を求める闘争の歴史などは、ほとんど触れられていません。しかし、マルクスは、この時も、その歴史を詳細に調べたうえで、この文章を書いていたのでした。

この文章には、『草稿集』で73ページにもわたる膨大な「追補」（『資本論草稿集』④301～373ページ）が続いていて、そこには、「労働日」にかかわる歴史と現実、さらには資本主義的搾取とドナウ諸国の夫役労働との比較など、のちに『資本論』の「労働日」の章の材料となる研究が詰め込まれています。おそらく、それらは、研究はしたが、「資本」の部に属するこの章の準備ではなく、「賃労働」の部に役立てるものとして、本文ではなく、「追補」とされたのでしょう。

またこの草稿では、「e　剰余労働の性格」という節が立てられて、人間の「自由」の搾取という角度から、労働日の問題が、過去と現在の搾取社会全体を見渡す規模で歴史的に論じられています（同前296～301ページ）。

要旨を私なりに翻訳・編集して紹介すると、次のようになります。

人間社会で、生産力が発達すると、生活時間のなかで「自身の物質的生活の生産に必要」な時間を超える部分、「思うままに処分できる自由な時間」がうまれてきます。この「自由な時間」こそ、人間がその諸能力を発展させることに活用できる、貴重な時間です。

ところが、搾取社会では、支配者の階級が、労働する大衆からこの「自由な時間」を取り上げてしまい、「自由な時間」を自分たちだけで独占してしまいます。

この角度から言えば、搾取とは、支配階級による「自由な時間」の独占であり、「人間諸能力の発展」の可能性の独占なのです。

マルクスは言います。

「労働せずに（使用価値の生産に直接参加せずに）生きていく人々が少しでもいるような社会が存在する場合には、社会の上部構造の全体が労働者の剰余労働を存在条件としていることは明らかである。……一方の側での人間諸能力の発展は、他方の側での発展を押し止めるような制限を基礎としている。これまでのすべての文明や社会的発展は、これらの敵対を基礎としているのである」（同前296ページ）。

これは、未来社会論にもつながる重要な論点で、搾取の問題を歴史的な社会論という角度からこれだけ深く論じた文章は、以後の著作をふくめて、ほかにはありません。編者の注釈を含めても5ページ余りの文章ですから、機会があったら、ぜひ全文を読んでいただきたいものです。

機械論での挫折　草稿執筆を中断する

続く「3　相対的剰余価値」の部分も、総論部分、「a　協業」、「b　分業」の部分は、ほぼ順調に進みます。

ただ、「b　分業」の項で、マニュファクチュアでの分業と社会内部の分業との比較が問題になった時、次の引用文に見られるように、「資本一般」という大前提を理由にして、考察を中途でとめてしまったあたりには、「資本一般」の枠組みがやはりこの段階での理論展開の制約になっていることを、痛感させられました。

「特殊資本主義的な生産様式としての分業つまり作業所《アトリエ》内部の分業と社会全体における分業とは、本質的に区別されるものとして対立するにせよ、両者は相互に条件づけあっている。このことが意味するのは、じつは、大工業と自由競争とは、資本主義的生産の相互に条件づけあっている二形態、二姿態だ、ということにすぎない。しかしながら、ここでは、競争を引きあいに出すことはいっさい避けなければならない。というのは、それは諸資本相互の行動であり、したがってすでに資本一般の展開を前提するものだからである」（同前503ページ）。

最後の文章は、文脈から言って、〝この問題は「資本一般」の枠を超える〟という意味だと思いますが、マニュファクチュア内部の分業と社会内部の分業との比較論は、『資本論』では、特別の一節を設けてこの箇所で詳しく論じた問題です（『資本論』第一部の第四篇第一二章第四節「マニュファクチュア内部の分業と社会内部の分業」、『資本論』③610～642ページ、ヴェルケ版Ⅰ371～390ページ）。それをわざわざ外したということは、「資本一般」という枠組みのきびしさをあらためて示したものでした。

こういう制約があるとは言え、「a　協業」、「b　分業」の部分では、マルクスの筆は全体として好調子です。ところが、「γ　機械」の項*に入ると、状況が一変します。分析の角度をいろいろ変えて挑戦するのですが、この段階にふさわしい分析の方法論がなかなか定まらず、機械制工業の現実に迫る道筋が見えてこないのです。そして、マルクス自身が、『草稿集』で四十数ページほど（ノートでは二〇ページ）書いたところで続稿をあきらめ、著作の草稿執筆を中断するという異常事態が起こりました。

＊　機械の問題についてのマルクスの認識にもかかわることなので、少し長いものですが、この項の正式の表題を紹介しておきます（この項では、番号づけが「c」ではなく「γ」になっています）。

「γ　機械。自然諸力と科学との応用（蒸気、電気、機械的諸作用因と化学的諸作用因）」（『資本論草稿集』④512ページ）。

この中断の原因は、一口で言えば、マルクスの機械知識の不足にありました。[*1]

マルクスは、エンゲルスと共同で執筆した『ドイツ・イデオロギー』（1845〜46年）で、早くも社会発展における大工業の意義に注目し、大工業の発展によってはじめて、社会主義的変革の条件がつくり出されたことを、くりかえし強調しました（古典選書『ドイツ・イデオロギー』66、79〜80ページなど）。

そのマルクスが、いざ機械と大工業を経済学の主題として、この問題に本格的に取り組もうとすると、この分野での自分の知識の不足に驚かざるをえなかったのでした。そして、著作の草稿執筆を中断し、もっと先に予定していた「第三章　資本と利潤」の草稿執筆[*2]を大急ぎでおこなった後、機械の技術学的勉強にうちこむのです。[*3]

＊1　機械の問題でのマルクスの知識の不足には、より深い意味では、使用価値の軽視という方法論上の背景がありました。これは大きな問題なので、次の第二篇の主題にして研究したいと思います。

＊2　「**第三章　資本と利潤**」　この章の草稿は、『資本論草稿集』⑧に収録されていますが、執筆時期から言えば、当然、『六一～六三年草稿』の先行する部分（たとえば、『資本論草稿集』④の冒頭）に収録されるべき草稿です。それが、現状のような意味不明の位置に配置されたのは、当時の『新メガ』の編集者たち（ソ連と東ドイツのマルクス・レーニン主義研究所が共同で編集にあたっていた）の資料研究のずさんさが引き起こした失策と言うほかありません。こういうミスがどうして起こったかの事情については、だいぶ以前の著作ですが、『マルクスと「資本論」』①（2003年、211～212ページの「注」）で、不破の推定とその根拠を書きましたので、興味のある方はご参照ください。

＊3　**機械の技術学的勉強**　この中断から1年余りたった1863年1月、マルクスは、エンゲルスへの手紙で、1年間の勉強ぶりを、次のように語っています。

「機械に関する篇のなかに二、三のことを書き入れるつもりだ。そこには、最初の編成のとき［さきに見た「γ　機械」の項の執筆のこと――不破］には僕が無視していたいくつかの奇妙な問題がある。それを解決するために、技術学に関する僕のノート（書き抜き）を全部読み返した。また、労働者向けのウィリス教授[★1]の実用（実験だけの）講義も聞いている（ジャーミンストリート、地質学研究所で、そこではハックスリ★2も講義したことがある)。僕にとって機械学は言語のようだ。数学的な法則はわかるが、観察の必要な技術上の事実となるとどんなに簡単なことでも僕にとっては最大の難物以上に困難なのだ」(マルクスからエンゲルスへ、1863年1月28日『書簡選集・上』207~208ページ)。

★1 **ウィリス**、ロバート(1800~75) イギリスの機械、技術学、考古学を専門とする学者で、当時、労働者のための講義をおこなっていた。

★2 **ハックスリ**、トマス・ヘンリ(1825~95) イギリスの著名な自然科学者、生物学者。哲学的には不可知論をとなえた。

(2) 1862年。「剰余価値に関する諸学説」

ノート一三冊に及ぶ学説史研究

マルクスは、著作の草稿執筆を「γ 機械」の地点で中断すると決めた後、予定を繰り上げて

「第三章　資本と利潤」の草稿を書きました（『資本論草稿集』⑧87～209ページ）。この章の一つの大きな論点は、『五七～五八年草稿』ではスケッチだけにとどめた、「利潤率低下の法則」のもとでの恐慌の必然性を論証するところにありましたが、結局、それは果たされず、先の課題に残されました。

そして、「5　剰余価値に関する諸学説（結び）」と題する部分の執筆を開始したのです。マルクスは、この草稿部分の冒頭に「5」とナンバーが打たれていますから、いかにも著作の続く部分の先取り的な執筆のように見えますが、実態は違っていました。中身は、「資本一般」という著作の枠組みにとらわれることをやめ、より自由な立場で、過去の経済学の歴史の徹底した研究をおこなうこと――本文中断の時期をこういう新たな研究のために活用するということにあったのでした。

その立場は、冒頭の次の一句にも明瞭に示されています。

「すべての経済学者が共通にもっている欠陥は、彼らが剰余価値を純粋に剰余価値そのものとしてではなく、利潤および地代という特殊な諸形態において考察している、ということである。このことからどんな必然的な理論上の誤りが生ざざるをえなかったかは、第三章*で、剰余価値が利潤としてとる非常に変化した形態を分析するところで、さらに明らかになるであろう」（『資本論草稿集』⑤5ページ）。

＊　**第三章**　「第三章」とは、いま見た「第三章　資本と利潤」のことですが、執筆済みのその草

稿には、地代などに関する論述はまだ含まれていません。

この研究は、「ノートⅥ」から「ノートXⅧ」まで、ノート一三冊、『草稿集』で四巻にもわたる膨大なものになりましたが、それは、期せずして、マルクスが「資本一般」という枠組みにとらわれることなく、研究の対象である資本主義的生産様式を、自分が必要と思う角度から自由に、そして徹底的に研究する絶好の舞台となったのでした。この研究には、経済学説の歴史的研究だけでなく、「収入とその諸源泉」、「商業資本。貨幣取引業に従事する資本」、「資本主義的再生産における貨幣の還流運動」など、特定の主題についての大きな課題の研究も含まれることになりますが、全体として、「資本一般」の制約などまったく気にせずに、とりあげた素材についての自由な研究がおこなわれました。その意味で、マルクスが『学説史』にとりかかった一年余は、科学的社会主義の経済学説の形成のうえで、貴重な意義を持つ期間となったのでした。*

＊　**「諸学説」の執筆時期**　『六一～六三年草稿』の二三冊のノートは、執筆時期の書き込みがないものが多いので、正確な時期は不明ですが、マルクス・エンゲルス全集の各巻末につけられた「マルクスとエンゲルスの生活と活動」では、1862年1月～63年1月としています。

「資本一般」という研究範囲の限定から解放されたマルクスは、一年余の研究のなかで、経済学の多くの新たな領域に取り組み、『資本論』の根幹ともなる多くの理論的達成をおこないました。そのすべてを語ることはできませんが、私自身のこれまでの研究から、『資本論』の完成に重要な意義をもったいくつかの達成について、要約的に報告したいと思います。

（成果一）再生産論の形成

マルクスが、Ａ・スミスの研究のなかで、まず取り上げたのは、資本主義的生産の生産物の実現問題でした。この生産物は、分解すると、生産過程で消費された不変資本の価値部分ｃと消費された可変資本部分ｖ、剰余価値部分ｍにわかれます。このうちｖ部分の買い手は労働者、ｍ部分の買い手は資本家ですが、ｃ部分の買い手はだれか。以前からこのことは経済学界の難問となってきました。マルクスは、この問題にあらためて取り組みました。

ｃ部分の買い手というこの問題は、先に見たように（本篇「二」のなかの「忘れられた再生産論の最初の表式化」72～75ページ）、マルクスが、『五七～五八年草稿』の「資本の流通過程」の所で取り組み、他の部門の資本家がｃ部分の買い手となるという答えを出して、表式でその実例を示してみせたものでした。ところが、ここではそのことが記憶になかったようで、マルクスは、まったく新しい問題として取り組み、正解に至るまでに悪戦苦闘をします。（『資本論草稿集』⑤109～391ページ、何回もの中断部分がある）

その経過は、15年程前に『マルクスと「資本論」』①（220～277ページ）で詳しい追跡をおこないました（同書第3篇第4章「再生産論の模索から形成まで」）。

マルクスは、織物業者のリンネル生産を例にとります。リンネルを加工する資本家が織物業者の生産したリンネルを買うとしたら、問題は一応片付くように見えますが、こんどは、その資本家がつくった生産物のなかのc部分の買い手が問題になります。その買い手からさらにその次の買い手へと、マルクスはあきずに追跡を続けますが、この追跡はどこまで続けても、終結点がないのです。

この追跡をあきらめたマルクスは、こんどは視点を変えて、さかのぼって織物業者が使用する不変資本の売り手を追求し、この遡及方式で産業間の連鎖をとらえようとしますが、この試みも終結点のない無限軌道の確認に終わりました。

こういう苦闘のなかでマルクスの頭脳に、一つのひらめきが走りました。それは、個別産業間の連関の追求ではなく、産業部門を「個人的消費のための仕事をする産業部門」（ここがvとmの買い手となる）と「産業的消費のための仕事をする大部門」（これはcの買い手となる）に大分割し、この二つの部門の関係として全体像をとらえたらどうか、という発想です。これは、まさに正解を射当てたものでした。そしてそこから、再生産論の建設が始まりました。

ではなぜ、この発想がなかなかマルクスの頭に浮かばなかったのか。私は、その根底には、消費手段と生産手段の区別が、ほかならぬ使用価値を規準にした商品世界における区別だったという問題があった、と思います。商品論では苦労して使用価値規定の経済学的意義の認識に到達したマルクスでしたが、* 商品世界全体の規模で経済的関連をとらえる再生産論の領域で、使用価値の区別がこのように決定的な意義をもってくるとは、さすがのマルクスも、なかなかすぐには思いおよばなかったのではないでしょうか。

＊ **商品論と使用価値規定**　使用価値の経済学的意義の問題は、現在では商品論の常識になっていますが、マルクスの経済学研究の歴史で言うと、１８５８～５９年の商品論研究で初めて解決し、その成果を『経済学批判』で初めて公表した問題でした。その経緯は、再生産論の問題を含めて、次の「第二篇　使用価値と交換価値の弁証法」のなかでたどりたいと思います。

続く部分で、マルクスは、スミスの大先輩である重農主義の経済学者ケネーが、当時の「生産的階級」（借地農業者）、「土地所有者」、「不生産的階級」（製造業者と労働者）の三つの階級*の経済関係を、一枚の「経済表」にまとめ上げていたことを振り返り、現代の資本主義的生産のもとでの諸階級の経済関係を表現する「経済表」をつくることを志します。この試みはなかなかの難事業で、その努力がマルクス自身の現代的な「経済表」に結実したのは、『六一～六三年草稿』をほぼ書き終える最後の段階でした（『資本論草稿集』⑨５８８～５９５ページ）。

＊ **三つの階級**　カギ括弧を付けた「生産的階級」、「土地所有者」、「不生産的階級」などはケネーのおこなった階級区分です。最大の生産部門である製造業の当事者である製造業者と労働者を一括して「不生産的」階級と名づけるとは、後世では不思議極まる分類法ですが、農業を価値を生

み出す唯一の生産部門と見た重農主義の時代には、これが当たり前のこととして通用したのでした。

（成果二）絶対地代論の誕生

次は、地代論の展開です。マルクスは、ドイツの経済学者ロートベルトゥス（1805～75）を扱うところで、初めて地代論に取り組みました。地代論と言えば、リカードウの地代論の検討が第一の主題となるのが当然の筋道だったのですが、マルクスの手元にラサールから借りていたロートベルトゥスの地代論の著作があり、ラサールから返却の催促を受けていたので、やむを得ず、ロートベルトゥス批判から、地代論研究を始めることになったのでした。

マルクスは、ここで初めて、一般的利潤率の成立を、市場競争の結果として説明します。長い説明ですが、抜き書き的に要点を示せば、次の通りです。

（1）「等しい大きさの諸資本においては……それらが生産する剰余価値の量」は、可変資本と不変資本との割合、再生産期間の長さの割合等々によって違っている。

（2）したがって、「諸商品がその価値どおりに売られるとすれば、……違った諸部面の利潤率はまったく異ならざるをえないであろう」。

（3）諸資本の競争は、こうして生じる「いろいろな利潤率」を「平均利潤」に均等化する方向にはたらく。

（4）こうして、「資本家たちは取得した他人の労働の獲物を、平均的にどの資本家も同じだけの不払労働を取得するように兄弟的—敵対的に分け合うのである」。

（5）「競争がこの均等化を遂行するのは、平均価格の規制を通じてである」（『資本論草稿集』⑥25～27ページ）。

ここから、地代論のまったく新たな構想が発展します。

古典派経済学の従来の地代論は、スミス、とくにリカードウによって展開されたものですが、土地の生産性の違いによる「差額地代」についてそれなりの説明はおこなったものの、すべての土地に共通する「絶対地代」については、まったく説明することができませんでした。*

＊　**絶対地代、差額地代**　マルクスは「諸学説」のこの箇所で初めて、地代を、性格を異にする二つの部分にわけました。二種類の地代を区別するこの名称も、マルクスによるものです。

マルクスは、平均利潤率の理論を活用して、「絶対地代」の謎を見事に解決したのです。

その論理は、次のようなものでした。

——工業では、資本構成の低い部門と高い部門のあいだに、競争による均等化作用がはたらいて、平均利潤率が成立し、低い部門では利潤率が引き下げられ、高い部門では引き上げられる。この均等化作用を妨げる条件は、工業諸部門の場合には存在しない。

――これにたいして、農業の場合には、均等化作用を妨げる根本的な障害が存在する。それは、土地の「私的所有」である。

「この特殊な生産部面の諸商品、この特殊な資本投下の諸商品に含まれている剰余価値のうち利潤（平均利潤、一般的利潤率によって規定された利潤率）を越える超過分を、横取りし、奪い取り、閉じこめて、一般的利潤率が形成される一般的過程にはいらないように阻止することを可能にしているのは、まったく土地や鉱山や水利などにたいする特定の人々の私的所有である」（同前38～39ページ）。

こうして、マルクスは、「諸学説」という舞台を活用して、これまで混迷をきわめていた地代問題に、科学的解決の道を開くことに成功したのでした。*

＊　この問題の詳細は、不破『「資本論」はどのようにして形成されたか』（2012年、新日本出版社）の「第一章　一般的利潤率の形成と絶対地代の発見（一八六二年）」（42～59ページ）を参照してください。

（成果三）恐慌論の包括的探究

次にあげたいのは、リカードウの経済学説の研究のなかで、マルクスが恐慌論そのものを正面の主題として、その研究がリカードゥ段階でどこまで進んだかの包括的な探究に取り組んだことです。リカードゥ自身は恐慌否定論者でしたから、その探究は、彼の恐慌否定論への批判にとどまらず、古典派経済学の恐慌論への取り組みの全貌を総ざらいするものとなりました。恐慌論確立への直接的な成果としては実りの多いものではありませんでしたが、ここでさまざまな角度からの恐慌論の包括的な探究に取り組み、論点の整理をおこなったことは、三年後に起こった恐慌論の急転換のためにも、有益な準備作業となったと思います。*

＊　マルクスのリカードゥ恐慌論の研究については、不破『マルクスと「資本論」』①の第三篇で、かなり詳細な考察をおこないました。その時の項目だけ、紹介しておきます。
「第五章　再生産過程と恐慌――リカードゥの研究から」、（一）リカードゥ研究を読む前に、（二）リカードゥ論――資本の蓄積そのものの研究から、（三）リカードゥらの恐慌否定論を吟味する、（四）恐慌の可能性と現実性について（278～351ページ）。

とくに、恐慌の可能性をもって恐慌の現実性の説明に代えてはならない、との指摘（『資本論草稿集』⑥705ページ）、恐慌の追跡に当たっては資本の生産過程と流通過程の統一である「資本の総流通過程またはその総再生産過程」に注目せよとの勧告（同前719ページ）、恐慌の諸条件、諸可能性の考察に当たっての「諸資本の競争と信用」の重要性（同前746ページ）などは、今後の展開にもかかわるマルクスの重要な提言でした。また、今後の探求で「再生産過程のなかでさらに発展した恐慌の基礎」を追究することの重要性を説きながら、それだけでは「不完全」な説明とならざるを得ないから、「『資本と利潤』の章でのその補足を必要とする」（同前719ページ）とします。これは、利潤率低下の法則と恐慌の関連の解明に、さきの「第三章」での解明に続いて三たび挑戦するという意思の表明とも読みとれます。

いずれにしても、「諸学説」のなかでのリカードウ論は、恐慌論にかかわる『六一～六三年草稿』の重要な意義をもつ一局面となったのでした。

（成果四）方法論での開眼

最後にあげたいのは、方法論にかかわる重要な記述です。それは、リカードウの学説を検討する中でのもので、方法論の問題での〝開眼〟と呼んでもよい、大きな意義を持つ提起でした。

A・スミスの学説の吟味は、「学説史」の早い時期にすでにすんでいるのですが、そのスミスが、リカードウ論の中に突然登場する場面がありました。

マルクスが、リカードウの地代論を研究する過程で、その方法論的な弱点に気づき、それと対比して、スミスの方法論の積極的特徴にあらためて目を向け、両者を比較対照して論じる、こういう場面です。このなかで、マルクス自身の方法論の発展的な展開がおこなわれたのでした。

まず、マルクスが、スミスの方法論をどのように特徴づけるかを、見てみましょう。

「スミス自身は、非常に素朴に、絶えまない矛盾のなかで動揺している。一面では、彼は、経済学的諸範疇の内的関連を、すなわちブルジョア的経済体制の隠れた構造を、追求する。他面では、彼は、これとならんで、競争の諸現象のうちに外観的に与えられているとおりの関連を、したがってまた、実際にブルジョア的生産の過程にとらわれてそれに利害関係をもつ人とまったく同様な非科学的な観察者にたいして現われるとおりの関連を、併置している。この二つの把握方法――そのうちの一方は、ブルジョア的体制の内的関連のうちに、いわばその生理学のうちに、突入するものであり、他方はただ、生活過程のうちに外面的に現われるものを、それが現われ現象するとおりに、記述し、分類し、物語り、それに図式的な概念規定を与えるにすぎないものである――が、スミスの場合には平気で併存しているだけでなく、入り乱れ絶えず矛盾し合っているのである」（同前233～234ページ）。

マルクスは、ここで、スミスのなかに、互いに矛盾する二つの方法を見ています。一つは、「経済学的諸範疇の内的関連を、すなわちブルジョア的経済体制の隠れた構造を、追求する」方法です。もう一つは、「競争の諸現象のうちに外観的に与えられているとおりの関連」を把握し記述する方法です。マルクスは、続く文章で、第一の方法は、「ブルジョア社会の内的生理学に突入」する試みであり、第二の方法は、「ブルジョア社会の外的に現われる生活形態を描き」、「現象として現われる関連」を言い表わす活動でした（同前234ページ）。

スミスの著作のなかでは、この二つの認識作業が、統一されず、「入り乱れ絶えず矛盾し」合いながら「平気で併存している」のが特徴でした。マルクスは、その矛盾を非難せず、この両面が経済学の当時の発展段階では「正当」なものだったと評価します。

これにくらべると、リカードウは、総合的に見て、スミスにくらべれば、ずっと大きな弱点を持っていました。価値法則など経済の内面的脈絡を追求し、この点での理論的一貫性を堅持する点では、スミスよりはるかに忠実なのですが、その論理をもって、資本主義世界の現象面にどう迫ってゆくかの方法論をまったく持たず、同じ方法で、現象世界を解明しようとして、解きがたい矛盾におちいってしまうのでした。

「リカードウの方法の本質は、次の点にある。すなわち、彼は、商品の価値の大きさは労働時間によって規定されるということから出発し、次いで、その他の経済的な諸関係がこの価値の規定に矛盾するかどうか、あるいは、それらがこの価値の規定をどの程度修正するか、を研究する。経済学の歴史におけるこのようなやり方の歴史的な正当性——その科学的な必然性、だが同時にまた、それの科学的な不十分性も、一見しただけで明らかである。この不十分性は、単に叙述の仕方（形式のうえに）現われるだけでなく、まちがった結論に導くものでもある。というのは、それは必要な**諸中間項**を飛び越えて直接的な仕方で経済学的諸範疇相互間の整合を証明しようとするのだからである」（同前232～233ページ、太字は不破）。

こういう批判を踏まえて、マルクスは、「諸学説」のさらに先の部分、「収入とその諸源泉」と題された論稿のなかで、経済学における自分の方法を、古典派経済学と対比しつつ、次のように特徴づけました。

「古典派経済学は、富のいろいろな固定した互いに無縁な形態を分析によってそれらの内的な統一体に還元し、それらが無関係に並立している姿をそれらから剥ぎ取ろうと努力し、現象形態の多様性からは区別された内的な関連を把握しようとする。……古典派経済学はこの分析においてときどき自分自身と矛盾する。それはしばしば直接に、**中間項**なしに、還元を企て、いろいろな形態の源泉の同一性を示そうと試みる。しかし、これは古典派経済学の分析的方法から必然的に生ずることであって、批判も理解もこの方法から始まらなければならない。古典派経済学は、いろいろな形態を発生論的に展開することに関心をもたず、これらの形態を分析によってそれらの統一性に還元しようとする。というのは、与えられた前提としてのこれらの形態から出発するからである。だが、分析は**発生論的叙述**の、すなわち種々な段階における現実の形成過程の理解の、必然的な前提である」（『資本論草稿集』⑦477ページ、太字は不破）。

マルクスが、いま引用した二つの文章で、「諸中間項」を把握することの重要性を説き、自分の認識方法を「発生論的叙述」と特徴づけていることに注目してください。

価値法則が支配する内面的世界にたいするもっとも科学的な分析を基礎に、「生産当事者たち自身の日常の意識のなかに現われる」現象世界（『資本論』第三部第一篇の冒頭の文章、『資本論』⑧46ページ、ヴェルケ版Ⅲ33ページ）の運動法則を科学的に明らかにする――いま見てきた、経済学方法論についての「諸学説」の記述には、『資本論』を貫く方法論のこの核心が、見事に表現されていると言いってよいでしょう。*

＊　この部分については、不破『「資本論」はどのように形成されたか』の「第二章　『発生論的方法』の確立」（６０〜７１ページ）を参照してください。

「資本一般」の枠を外してこその達成

いま、「諸学説」のなかでマルクスが開拓したいくつかの理論的達成を紹介してきましたが、これらはいずれも、この部分の研究にあたって、「資本一般」の枠組みによる拘束をはずしたからこそ、実現できた成果でした。

まず最初の二つの発見――再生産論と絶対地代論ですが、この時期の枠組みで言えば、再生産論は、「(b)競争」の項に属するものですし、地代論は当然、「土地所有」の篇の一部をなすべきものです。どちらも、経済学の世界に大きな影響を与える大発見でしたから、マルクスとしては、早く発表したいのですが、「土地所有」の篇（地代論）はもちろん、「資本」の篇に属する「(b)競争」の項（再生産論）にしても、「資本」の篇のごく最初の部分「資本一般」の草稿執筆に全力傾倒中の現状では、それを発表する時期がいつ到来するか、わかりません。

そのことを懸念したマルクスは、「資本一般」の刊行の際に、これらの成果を発表しようとして、いろいろ策をめぐらせます。

まず、絶対地代論ですが、この理論をしあげるとすぐ、エンゲルスに内容を知らせ、発表方についての相談をもちかけました。

「いま僕がもくろんでいるのは、すぐにこの巻*のなかで地代論を、挿入された一章として、すなわち以前に立てた一つの命題の『例解』として、取りこむ、ということだ」（マルクスからエンゲルスへ、1862年8月2日　『書簡選集・上』184ページ）。

＊**この巻**　準備中の『経済学批判』第二分冊『資本』（内容は「資本一般」）のこと。実際、その年の12月に書いた著作第三篇のプランのなかでは、地代論が、一般的利潤率や生産価格に関する章のあとに、「地代。（価値と生産価格の相違の例証。）」という章が組み込まれていました（『資本論草稿集』⑧541ページ）。

次に、再生産論ですが、その研究が、『六一～六三年草稿』執筆の最後の段階で独自の「経済表」の作成にまで到達したことは、さきに述べました。これも、それが占めるべき位置はと言えば、当然、「(b)競争」に属するテーマです。とてもそれまでは待てないという思いからマルクスがたてた苦肉の策は、「資本一般」の巻の最後の諸章に「総括」として強引にはめ込む、という構想でした。

「同封の『経済表』*は僕がケネーの表の代わりにするものだが、もし君がこの暑さのなかでもできるなら、いくらか念入りに見てくれたまえ。……僕の表について言えば、これは僕の本の最後の諸章のうちの一章のなかに総括として載せるものだ……」（マルクスからエンゲルスへ、1863年7月6日、『書簡選集・上』221ページ）。

＊『**経済表**』　この時、マルクスがつくった「経済表」は、再生産過程における登場者の諸関係をケネー風に図解して示したもので、のちの再生産表式にいたる中間段階をなすものでした。ケネーはフランスの経済学者（1694〜1784）。

「諸学説」のなかでおこなった研究のなかには、どう工夫しても、当面出版予定の巻には組み込めない問題が、多数ありました。

恐慌論に関する多方面の研究が、「資本一般」の枠を超えるテーマであることは言うまでもありません。そして、最後の方法論に関する言明について言えば、その内容自体が、資本主義経済についての研究を、「三分法」にもとづいて、「(a)資本一般」、「(b)競争」、「(c)信用」などという形で段階的に仕分けてきたマルクス自身の研究方法とは次元が違うものでした。そのことが、その時点でどれだけマルクスの自覚となっていたかは、別問題ですが、マルクスは、この時期の研究成果を、当面の出版予定の著作に可能な限りくみこもうとして、さまざまな〝苦肉の策〟に頭をしぼったのでした。

しかし、この時点では、「資本一般」という構想そのものを再検討する考えは、マルクスの頭には、まだ浮かばなかったようです。

「諸学説」の執筆が最終段階を迎えるのとほぼ同じ時期に、マルクスはクーゲルマンへの手紙で、準備中の経済学の著作について現時点の構想を語っています。そこでは、本の表題を『経済学批判』から『資本論』に改めることが報告されていますが、変更するのは表題だけで、内容は、従来の「資本一般」と変わらないことが、きわめて具体的に指摘されていました。

「お手紙によって、あなたやあなたの友人たちが私の『経済学批判』にあんなに温かい関心をもっておられることを知り、たいへん嬉しく思いました。第二の部分は今やっとでき上がりました。つまり、印刷のための清書と最後の磨きをかけるところまできています。それは三〇印刷ボーゲンぐらいになるでしょう。これは第一分冊の続きですが、独立に『資本』という表題で出ます。そして、『経済学批判』というのはただ副題としてつくだけです。それは、実際はただ、第一篇の第三章をなすはずだったもの、すなわち『資本一般』を含んでいるだけです。したがって、諸資本の競争や信用制度はそれには含まれていません。イギリス人が『経済学の原理』と呼ぶものは、この巻のなかに含まれています。それは核心です（第一の部分とともに）。そしてそれに続くものの展開は（社会の、さまざまな経済的構造にたいするさまざまな国家形態の関係などを別とすれば）、すでに提供されているものを基礎にして他の人々によっても容易になし遂げられるでしょう」（マルクスからクーゲルマンへ、1862年12月28日『書簡選集・上』205～206ページ）。

「資本一般」の枠を超える研究を、内容的にはこれだけ多面的に進めながら、この段階のマルクスには、ヘーゲル仕込みの「三分法」による「叙述の仕方」を変える意思は、まったくなかったのでした。*

＊ **第三篇及び第一篇の新しいプラン** クーゲルマンへの手紙とほぼ同じ時期と推定されますが、マルクスは、「諸学説」の最後の部分に、第三篇および第一篇の新しいプランを書きつけました（『資本論草稿集』⑧541、542ページ）。それは、利潤率の研究の一節に地代論を織り込むなどの新たな工夫はあったものの、問題の「資本一般」の枠組みはまったく変えないものでした。

1863年1月、マルクスは、「諸学説」の執筆を終えて、著作草稿の「γ 機械」部分の執筆にもどりました。ここでは、執筆中断の時期の技術学の研究を生かして、多くの新たな展開がおこなわれましたが、それは、なによりも、次の主題である発展と没落の弁証法にかかわる問題なので、続く『資本論』第一部初稿（1863年8月〜64年夏執筆）の内容とともに、第三篇での検討に譲ることにしましょう。

五　恐慌の運動論の発見が、『資本論』構成の新局面を開く

第三部草稿執筆中のインタナショナル発足

マルクスは、1864年夏、『資本論』第一部初稿を書き終えると、すぐ第三部第一章～第三章（現在の第一篇～第三篇）の執筆にとりかかります。第二部は『五七～五八年草稿』以後は、ほとんど手を付けていない分野だったのに、第三部の最初の部分は、1864年前半に、研究の当時の到達点に応じた不完全なものであったとはいえ、一応書き通してあったこと、さらに、利潤率低下の法則が恐慌を必然のものとするという想定――これは前回の研究では満足な解答を得られなかったのですが、その想定の証明にもう一度挑戦したい、という強い意欲があったことなどが、第三部の方に先にとりかかった背景事情だったと思います。

しかし、この探究は不成功に終わりました。剰余価値の利潤への転化、平均利潤率と生産価格の成立などの章は、いま読んでも完成の域に達しているとの印象を受ける出来栄えですが、問題

の第三章では、肝心の利潤率の低下が恐慌を引きおこすという仕組みの発見についに成功しないまま、筆をおかざるをえなかったのです。

この時期に、マルクスの身辺には重大な事件がおこりました。1864年9月、経済学研究では、利潤率低下の法則と恐慌の関連の証明での苦闘の最中だったのでは、と思いますが、ロンドンで開かれた国際的労働者集会に出席し、そこで創立を決議された国際労働者協会（インタナショナル）の暫定委員会に選出されることになったのです。この組織の結成の背景にはイギリスにおける労働組合運動の発展がありましたが、特別の指導理論をもって出発した組織ではありませんでした。そのために、創立宣言や規約の起草という、国際組織の出発には不可欠の最初の仕事から混迷に陥り、結局はその仕事がマルクスに委嘱されて、この組織は11月に堂々たる「創立宣言」と「暫定規約」を採択・発表して活動を開始することになったのでした。

この時から1872年9月までの八年間、マルクスは、『資本論』の執筆とインタナショナルでの国際的活動という二重の仕事を、その肩に担うことになりました。

この八年間はマルクスに極端な労苦を担わせましたが、マルクスがこの時期に二重の仕事に取り組んだことは、大局的に見て、『資本論』の成立に重要な積極的意義をもったと考えています。

第二部第一草稿での恐慌論の新たな発見

マルクスは、1865年1月、『資本論』第二部第一草稿の執筆にとりかかりました（この草稿は『資本の流通過程』〔1982年、大月書店〕に全文が収録されています）。『六一～六三年草稿』では、資本の流通についてまとまった草稿を書く機会がなかったので、七年ぶりの取り組みでした。

マルクスは、最初のページに「第二部　資本の流通過程」と書き、続けて、「第一章　資本の流通」、「第二章　資本の回転」として、その章で検討すべき諸項目を書きつけましたが、そのあとは「第三章」と書くにとどめました。まだ、この部の後半部分に何を論じるべきか、その構想が固まっていなかったことが推測されます。

第一章を書き始めてノートの16ページ目に進んだところで、異変が起こりました。流通過程の考察のなかで、マルクスの頭脳に突然のひらめきが起こりました。長く苦闘を続けてきた恐慌問題の解決策が、思わぬ角度から浮かび上がったのです。マルクスは、そのひらめきを短い文章にまとめて草稿に書きつけます（『資本の流通過程』35ページ）。そのあとは本文にもどって「第一節　資本の諸変態」部分の執筆をつづけながら、ひらめいた解決策についての熟考をしたようで、ノートの22～23ページに、新しい恐慌論の内容をより詳細に書きこみました（同前47

〜49ページ)。

新しい恐慌論は、恐慌の運動論とよぶべきものでしたが、第二の命題、すなわち資本主義的生産の「必然的没落の理解」の要をなす問題なので、詳しい解明はそこでおこなうこととし、ここでは、要約的な解説にとどめます。

発見された恐慌発生のしくみは次のとおりです。

イ．資本が、生産した生産物を商人(商業資本*)に売ると、それがまだ最終的な消費者の手にとどかなくても、資本にとっては販売過程(W―G)が完了したことになり、次の生産過程(G―W…P)に進むことができる。

ロ．この過程を通じて、販売が現実の需要から独立化し、「架空のW―G―W」(同前35ページ)が現実のそれにとってかわるようになる。

ハ．資本主義的生産が、この「架空の」軌道を進む中で、生産と消費の矛盾が拡大し、恐慌の勃発にいたる。

* マルクスは、この時、恐慌をひきおこす再生産過程への介入者として、最初は「銀行」を想定しましたが、そのあとですぐ「商人」に訂正しました。

ここで、マルクスが長年探究してきた恐慌の周期的発生の秘密が、ついに説き明かされたのですが、そこには、マルクスのこれまでの研究方法の根本的転換を迫る大きな問題が含まれていました。

第一は、この理論によると、恐慌は資本主義的生産の運動過程で周期的に起こる現象であって、それ自体、資本主義的生産のはらむ深刻な矛盾をしめすものではあるが、その本性が明らかになった以上、これを短絡的に資本主義の「必然的没落」と結びつけることはできなくなったことです。それはまた、恐慌現象が資本主義の利潤率低下の法則とは無縁であること、さらには、この法則を資本主義の体制的危機と結びつける見地に根拠がなかったことをも証明することになったのでした。

第二に、この理論では、恐慌が起こる仕組みには、産業資本だけでなく、商業資本の介在が大きな役割を果たします。これは、「資本一般」の枠内では恐慌問題の理論的解決はできない、ということです。これは、マルクスが１８５７年来、固く守ってきた「資本一般」の枠組みが経済学研究の指針となるのではなく、研究の前進を妨げる妨害物となっていることを、明るみにだしたのでした。

第一の点は、本書で第二の主題として設定した「発展と没落の弁証法」に関連して、その根幹にかかわる研究方法上の重大な問題を提起するものでした。そして第二の点は、いま検討中の「研究過程の弁証法」（第一の主題）に重大な問題点を投げかけ、新たな角度からの考察を迫る意味をもったのでした。

この二重の意味で、新しい恐慌論の発展は、マルクスに研究方法および著作の構成の大転換を迫るものでしたが、それをうけとめたマルクスの態度は、驚嘆に値《あたい》するものでした。

『資本論』の著作構成の根本的な変更に踏み切る

マルクスは、新しい発見が切り開いた境地の重大性をただちに読み取って、少しも動揺することなく、研究の新しい発展の道に、すぐ足を踏み出したのです。

それはまず、執筆中の「流通過程」論そのものから、「資本一般」という枠組みを、ただちに取りはずしてしまったことに現われました。流通過程の研究そのものも、研究範囲を拡大し種類の異なる多数の資本を対象としておこなわれましたが、もっとも端的な変化は、それまで内容が不明だった「第三章」を、再生産論研究の章とすることをただちに宣言したことでしょう。

「現実《レエル》の再生産および流通過程は、ただ、多数の諸資本の、すなわちいろいろな産業の諸資本に分裂している総資本の過程としてのみ把握されうる。したがって、これまでの考察方法とちがって、現実的《レエル》再生産過程の考察方法が必要なのであるが、それは、この部の第三章で行なわれる」（同前59ページ）。

これは、新しい著作構想の第一歩を示したものでした。

マルクスは、続いて1865年夏から『資本論』第三部後半（第四章～第七章）の執筆にとりかかりますが、この時点で、1857年以来固く守ってきた「資本一般」の枠組みとともに、資本、土地所有、賃労働という三大階級の経済的分析を根幹とする六部構成もきっぱりと過去のものとし、新しい構想で『資本論』完成の課題に挑む決意を明らかにしました。この著作の「叙述の仕方」全体の革命的な変更が開始されたのです。

その根底には、マルクスが、『五七～五八年草稿』執筆開始以来の八年間に、「諸学説」という自由な探究の時期を含めて、「素材を詳細にわがものとし、素材のさまざまな発展諸形態を分析し、それらの発展諸形態の内的紐帯《ちゅうたい》をさぐり出す」という研究を、広範な規模で、また深い内容でなしとげてきた巨大な蓄積がありました。いわばこの八年間にマルクスがたどってきた道――1857年の出発点から1865年の転換点にいたる道は、「叙述の仕方」を先に決定するという誤った立場から出発しましたが、そのもとで、実質的には、狭い枠組みを超えて素材である資本主義的生産様式の全貌をとらえる多面的な研究が進展し、その枠組みの不合理性が明らかになった時に、それを超えて、研究の実質にふさわしい新たな「叙述の仕方」を探究する主体的条件が、マルクス自身のうちに準備されていた、大局的には、こういうように総括することができるのではないでしょうか。

この時、到達した境地を、マルクスは、「研究の仕方」と「叙述の仕方」の関係として総括し、多年にわたる理論的苦闘の到達点を『資本論』第二版「あと書き」に書き込んだのだと思います。まさにそこには、研究過程の弁証法ともいうべき、貴重な学問的方法論の定式化がある、と思います。

マルクスは、ここでは、「叙述の仕方」と「研究の仕方」という形で述べていますが、問題は著作に当たっての心がまえにとどまるものではありません。

弁証法的に事物をつかむためには、認識の対象となっている事物の実際の状況やその事物をめぐるさまざまな連関を全面的に調査・分析し、諸関係、諸側面の複雑な連関の全体を把握し、諸現象の中に隠された「内的紐帯」を探り出すことが、何よりも必要であって、あれこれの公式を現実に当てはめるような逆立ちの方法をしてはならない――事物の認識におけるこの基本態度の指摘にこそ、私たちがくみ取るべき最大の教訓があることを強調して、「第一の命題」の検討の結びにしたいと思います。

マルクスが到達した新しい理論的境地は、「研究の仕方」と「叙述の仕方」の問題にかかわるだけでなく、「第二の命題」――「必然的没落の理解」をめぐる理論的発展とも不可分の関係にあります。その内容については、第三篇の、発展と没落の弁証法の研究のなかで、合わせて探究してゆくことにします。

第二篇　使用価値と交換価値の弁証法

一　使用価値論の突破口を開く

最初の商品論には「使用価値」が登場しなかった

マルクスが『資本論』第一部第二版「あと書き」に記した「第二の命題」（発展と没落の弁証法）に進むまえに、マルクスの弁証法観の進化の一つの側面をなす問題として、使用価値と交換価値の弁証法の問題を検討したいと思います。

『資本論』が、第一巻の冒頭から、商品における使用価値と交換価値（より根本的には「価値」）の対立と相関を取り上げており、両者の弁証法的関係を読み解くことが、『資本論』の読者がマルクスの弁証法観に触れる最初の機会となるのは、だれもが経験することです。

ところが、マルクスが『五七～五八年草稿』で最初に書いた商品論には、この観点は、まったく存在していませんでした。

この草稿の商品論は、『草稿集』でわずか三ページあまり（マルクスのノートでは一ページほど）、それで商品の登場から貨幣の成立まで一気に到達してしまうのです（『資本論草稿集』①112～115ページ）。のちの議論で「使用価値」が出てくるはずの所には、商品の「自然的存在」といった言葉が、経済学的意味を持たない状態の記述として出てくるだけでした。

それには理由がありました。

それまでの経済学──古典派経済学には、「使用価値」という概念は、経済学的概念としては存在しなかったのでした。

例えば、古典派経済学の生みの親とされるアダム・スミスの主著『諸国民の富』（1776年、表題は『国富論』と訳される場合も多い）には、価値の問題について、次のような記述があります。

A・スミスは、第一編で、「分業」から出発して「交換」を論じ、「つぎの研究は、どのような法則が交換価値を決定するか、である」としたうえで、「価値」という言葉に「二つの異なる意味」があることを、次のように指摘します。

「注意すべきことは、**価値**ということばには二つの異なる意味があるということであって、それはあるときにはある特定の対象の効用を表現し、またあるときにはその特定の対象を所有することによってもたらされるところの、他の財貨に対する購買力を表現するのである。前者を『使用価値』、後者を『交換価値』とよんでもさしつかえなかろう。最大の使用価値をもつ諸物がほとんどまったく交換価値をもたないばあいがしばしばあるが、その反対に、最大の交換価値をもつ諸物がほとんどまたはまったく使用価値をもたないばあいもしばしばある。水ほど有用なものはないが、それでどのような物を購買することもほとんどできないであろうし、またそれと交換にどのような物をえることもほとんどできないであろう。これに反して、ダイヤモンドはどのような使用価値もほとんどないが、それと交換にきわめて多量の財貨をしばしばえることができるであろう」（岩波文庫『諸国民の富』（一）146〜147ページ、太字は原文）。

この断り書きは、それ以後の論述で、この二つの「価値」を区別して論じるという意味ではありません。経済学の対象となるのは「交換価値」の方であって、「使用価値」は経済学の対象外だ、ということを示すための断り書きでした。

古典派経済学のもう一人の代表者リカードウは、その主著『経済学および課税の原理』（1817年）を、スミスのこの言葉の紹介から始めています。

「アダム・スミスは次のように述べた。すなわち、『価値という言葉は二つの異なった意味をもっていて、時にはある特定物の効用を、また時にはその物の所有がもたらす、他の財貨を購買する力を、言い表わす。一方は使用価値と、他方は交換価値とよばれうるであろう。』彼はつづいて言う。『最大の使用価値をもつ物が、しばしば、交換価値をほとんどあるいはまったくもたず、これに反して、最大の交換価値をもつ物が、使用価値をほとんどあるいはまったくもたない』。水や空気は大いに有用である、それらの物はなるほど生存にとって不可欠ではあるが、しかも、普通の事情のもとでは、それと交換になにものも得られない。これに反して、金は、空気や水と比較すればほとんど有用でないが、大量の他の財貨と交換されるであろう」(前掲『リカードウ全集』第一巻、13ページ)。

リカードウの場合にも、この冒頭のスミスからの引用は、以後の研究をすべて交換価値の研究に限定するという、スミスと同じ意味でのべられたのでした。

私の手元には、経済学の歴史的な書物はあまりありませんが、岩波文庫版のマルサス『経済学原理』(1820年)を取って見ると、第二章の冒頭に「価値のさまざまな種類について」という節があり、価値には、「使用価値」と「交換価値」という二つのちがった意味があるが、われわれは、価値という言葉を「使用価値」という意味で使う習慣はあまり持っていない、この言葉を「交換価値」という意味で使うことは「多くの論者によって経済学の語い(彙)のなかですでに承認ずみのもの」となっている、だから、価値という言葉は「交換価値」を意味するものとして使ってよいし、「使用価値」という意味で使うときには、「つねに使用上のという文字を加えて表現すべきである」という、言語の交通整理までおこなっていました(上・75~76ページ)。

このように、それまでの経済学の上では、二つの「価値」概念のうち、経済学の対象となるのは、もっぱら「交換価値」で、「使用価値」の方は商品学か技術学の対象だといった区分が支配的だったのでした。

経済学界のこの定説に「突破口」をあけたのが、ほかならぬマルクスだったのです。

しかし、マルクスがあけた最初の突破口は、商品論とは別のところ、剰余価値論のなかで開かれました。

剰余価値論が使用価値研究の「突破口」に

ここで、『資本論』第一部における剰余価値論の理論展開の内容を思いだしてください。

（1）資本家は、労働者から、労働力を購入し、労働力の交換価値に相当する賃金を支払います。

（2）次の段階で、資本家は購入した労働力を使用します。その労働力の使用価値は、価値をつくりだすところにあります。労働力が支払った賃金分に相当する生産物をつくり出したところで生産活動を止めれば、剰余価値はゼロですが、そこで生産を止める資本家はいません。それ以後も生産活動をつづければ、その成果はすべて資本家の手に入る剰余価値となります。

（3）ここに資本主義的搾取の秘密がありました。

そのことを、マルクスは、『資本論』のなかで、つぎのように説明しています。

「労働力の日々の維持費と労働力の日々の支出とは、二つのまったく異なる大きさである。前者は労働力の交換価値を規定し、後者は労働力の**使用価値**を形成する。労働者を二四時間のあいだ生かしておくために半労働日が必要だということは、労働者がまる一日労働することを決してさまたげはしない。したがって、労働力の価値と、労働過程における労働力の価値増殖とは、二つの異なる大きさである。この価値の差は、資本家が労働力を買ったときに念頭においていたものであった。……決定的なのは、この商品の独特な使用価値、すなわち価値の源泉であり、しかも**それ自身がもっているよりもより多くの価値の源泉であるという独特な使用価値**であった。これこそは、資本家がこの商品から期待する独特な役立ち方なのである。そして、その場合、彼は商品交換の永遠の諸法則に従って行動する。事実、労働力の売り手は、他のどの商品の売り手とも同様に、労働力の交換価値を実現してその**使用価値**を譲渡する。彼は、後者を手放すことなしには、前者を受け取ることはできない」（『資本論』新版②336〜337ページ、ヴェルケ版I207〜208ページ、太字は不破）。

この論は、マルクスが『五七〜五八年草稿』で初めて展開したものです（［貨幣の資本への転化］、［資本と労働のあいだの交換］、［労働過程と価値増殖過程］[*]『資本論草稿集』①301〜425ページ）。

＊　［　］でくくった見出しは、『資本論草稿集』の編集者によるもの（以下同じ）。

『五七〜五八年草稿』にはまだ、論理のぎこちないところ、展開の不十分なところもありますが、搾取論の筋道は基本的には展開されており、その焦点が、価値を生み出すという労働力（『五七〜五八年草稿』では「労働能力」）の特別の使用価値にあることも解明されてゆきます。

「使用価値としては労働は資本のためにのみ存在し、資本自身の使用価値なるものであり、すなわち資本がそれをとおして自己増殖する媒介的活動である。自己の価値を再生産し増加させるものとしての資本とは、過程としての、つまり価値増殖の過程としての自立的な交換価値のことである。したがって労働は、使用価値としては労働者のためのものではない」(『資本論草稿集』①369ページ)。

突然の問題提起——使用価値論の一般化はありうるか?

マルクスは、この『草稿』で剰余価値の問題に関連して使用価値論の吟味をはじめたのですが、その過程で、マルクスの思考に一種の動揺が生まれた時点がありました。使用価値の考察を労働力の売買関係だけにとどめず、もっと広い意味で、たとえば、商品論の領域でも、経済学の中に取り入れるべきではないだろうか、という問題提起です。

マルクスは、「貨幣の資本への転化」の項で、「資本と労働の関係においては、交換価値と使用価値とは相互に関係させられている。すなわちまず、一方(資本)は交換価値として他方に相対し、そして他方(労働)は使用価値として資本に相対している」(同前315ページ)と述べた後、あらためてその問題意識で商品論や貨幣論に言及します。そしてそれに続くカッコ付の文章で、使用価値という規定の適用範囲の問題について、まだ疑問の形態ではありますが、次のような抜本的な提起をおこないました。

「価値は、使用価値と交換価値の統一として把えられないだろうか？　即自かつ対自的には価値はそのようなものとして一般者であり、この一般者の特殊的形態である使用価値と交換価値とに相対するのではないだろうか？　このことは経済学において重要性をもつだろうか？」（同前316ページ）。

続いて、この提起は、商品や労働、地代等々の諸問題への使用価値規定の適用の問題へと具体化されてゆきます。

「商品の形態規定は、むしろ交換価値である。この形態の外部にある内容はどうでもよいものであり、社会的《ゾツィアール》関係としての関係の内容ではない。しかしこの内容は、諸欲求と生産との一つの体系《システム》のなかで、そのようなものとして展開されてゆくのではないだろうか？　使用価値そのものが、経済的形態をみずから規定するものとして、形態それ自体のなかにはいりこまないであろうか。たとえば資本と労働との関係では？　労働のさまざまの形態では？——農業、工業など——地代では？——原料生産物の価格にたいする季節の影響では？　等。もし交換価値そのものだけが経済において役割を演じるとすれば、たとえば原料などとしての資本のばあいのように、純粋に使用価値をさしているような諸要素が、どのようにしてあとからはいりこむことができるのだろうか。どのようにして、リカードウのばあいのように、土地の自然的性状が突如として舞いこんでくるのだろうか？　等」（同前316～317ページ）。

マルクスは、こう問題提起をしたうえで、次のように論を結びます。

「いずれにしてもこのことは、価値について研究するさいには、厳密に研究されるべきであって、リカードウがしたように、これをまったく捨象してしまったり、間抜けのセーのように、『効用』という言葉をただ前提にするだけで偉ぶったりしてはならない。個々の篇章を展開するにあたって、なによりも示されるであろうし、また示されねばならないことは、どの程度まで使用価値が、たんに前提された素材として経済学とその形態諸規定との外にとどまるばかりでなく、またどの程度までそのなかにはいりこむか、ということである」（同前317ページ）。

これは、マルクスの経済学研究にとって、たいへん重要な意味を持つ問題提起でした。しかし、この時のマルクスには、現実の研究でこの問題提起にこたえる主体的条件はまだ存在しなかったようです。

マルクスは、カッコを外した次の文章、すなわち研究の本論に属する文章で、この角度から商品の単純流通の分析を試みますが、その結論は、商品の交換関係では、「交換価値と使用価値との現実的関係は生じなかった」、そこに表現されている内容は「経済的形態関連の外にある」という従来型の結論でした（同前319ページ）。せっかくの問題提起でしたが、それが経済理論の発展に結びつくまでには、まだかなりの時間を要したのでした。

ただ見逃せないのは、『五七～五八年草稿』の後半の部分で、マルクスがもう一度、使用価値の経済学的意義の再検討というこの問題に立ち返ってくることです。それは、この問題意識が、ひきつづきマルクスの頭脳のなかで働き続けていたことを示しています。その部分は、第三節の主題である固定資本の分析に直接かかわってくることなので、その箇所で、読みとることにしましょう。

二　商品論の新たな発展——使用価値と交換価値の対立と統一

1858年6月〜59年1月　著作の内容に根本的変化が起こる

マルクスは、1858年5月末までに、『五七〜五八年草稿』を書き上げました。その仕事の最後の部分は、マンチェスターのエンゲルスの家に滞在中（5月6〜24日ごろ）におこない、ロンドンに帰ってから、この草稿から『経済学批判』第一分冊（「資本一般」）の本原稿を仕上げる作業にとりかかるつもりでした。

この段階では、商品論に使用価値規定を導入する考えは、マルクスの頭にはまだまったく浮かんでいませんでした。

マンチェスター訪問の一ヵ月ほど前に、マルクスはエンゲルスに、著作『経済学批判』の全体プランを報告するとともに、そのうちの「資本一般」の項について、「これが第一分冊の素材だ」と語っています（マルクスからエンゲルスへ、1858年4月2日　古典選書『書簡選集・上』121ページ）。つまり、『五七～五八年草稿』に書いた内容の全体を一冊にまとめるということです。この手紙では、第一分冊の内容のうち、商品論と貨幣論の部分について説明をおこなっていますが、商品論の説明では、「使用価値は――主体的に労働の有用性とみなされるにせよ客体的に生産物の効用とみなされるにせよ――、ここでは単に価値の素材的前提として現われるだけで、この前提は当面はまったく経済的形態規定の外に落ちる」という従来型の考えをわざわざ強調しています（同前121～122ページ）。商品論について何か大きな変更をおこなう意思は、この時点ではまったくなかったのです。

マルクスは、6月に著作をまとめる仕事を開始したようですが、この間に、執筆する草稿の内容に大きな変化が起こりました。

半年後の1859年1月、原稿完成という待望の知らせをマルクスから受け取ったエンゲルスは、喜びと共に驚きを禁じえなかったと思います。次のような内容の知らせだったからです。

「原稿はおよそ一二印刷ボーゲン（ノート三冊）だが、――驚くなかれ――『資本一般』というその表題にもかかわらず、これらのノートは資本についてはまだなにも含んではいないで、ただ二つの章、1商品、2貨幣または単純な流通、を含んでいるだけだ。だから、細部にわたって手を入れた部分（五月に僕が君のところに行ったとき）は、まだ全然現われないわけだ」（マルクスからエンゲルスへ、1859年1月14日〔日付けは全集版の記載を『新メガ』により訂正〕　同前138ページ）。

いったい、この間に、マルクスの頭脳と仕事に、どんな変化が起こったのか。この時期の情報はあまり多くはありませんが、手に入る限りの情報から、その経緯を推理してみましょう。

使用価値観の根本的な変革――「索引ノートから」

マルクスは1858年6月前半に、『五七～五八年草稿』から商品と貨幣にかかわる索引ノートをつくる作業をはじめました（「七冊のノートへの索引」『資本論草稿集』③所収）。

この「索引」は、大部分が貨幣論についての索引であって、「Ｉ　価値」の関係では、リカードウをはじめ五人の経済学者の所説を論じた部分への指摘が主なのですが、その中に「使用価値と交換価値」という見出しで指摘がありました。

「使用価値と交換価値（ノートⅥ、二八末尾と二九）」（同前3ページ）。*

＊『七冊のノートへの索引』から　この指摘があるのは、『七冊のノートへの索引』の冒頭の一節です。参考までに、冒頭の「Ｉ　価値」の全体を紹介しておきます。

「Ⅰ、一二、一三、二〇、二一、リカードウ　Ⅵ、一。マルサス　Ⅵ、一三……（A・スミス　Ⅵ、一七、一八）**使用価値と交換価値（ノートⅥ、二八末尾と二九）**ステュアート（Ⅶ、二六）……（Ⅶ、三九。トレンズ）（Ⅶ、四九。）（単純労働と熟練労働）」（同前、太字は不破）

ここで、Ⅰ、Ⅵ、Ⅶのローマ数字はノートの番号を、一二、二〇等々の和数字はノートのページ番号を表わしています。

『五七〜五八年草稿』でその該当箇所を見ると、特別に商品論を論じた部分ではないのですが、経済学における使用価値の意義づけについて、さきに示した「貨幣の資本への転化」の部分の引用文（本書134〜136ページ）に続く考察が、さらに進んだ内容で展開されていました。少し長い文章ですが、この段階でのマルクスの思考の発展を示すものとして、貴重な意義をもつと思いますので、解説をくわえながら関係部分の全体を紹介することにします。

この引用文は、直接的には、固定資本の流通を論じる部分からのものなのですが、マルクスはそこで、固定資本という主題に議論を限定することなく、より広い意味で、経済学における使用価値と交換価値の意義を論じています。

論の出発点は、資本の再生産過程をどうとらえるかという問題です。

「不滅性――価値が資本としてのそれの姿態で存続すること――は、ただ再生産によってのみ措定されているのであるが、この再生産はそれ自身二重である。すなわち、商品としての再生産、貨幣としての再生産、そしてこれら両再生産過程の統一、である。商品としての再生産では、資本は、ある一定の使用価値の形態に固定されており、したがって一般的交換価値ではなく、それがあるべき実現された価値ではさらにない。資本は、再生産行為のなかで、生産局面で自己をそのようなものとして措定したのだということを、流通によってはじめて実証するのである。なかに価値が存在する商品の消滅性が大きいか小さいかによって、あるいは緩慢な、あるいは急速な、価値の再生産、すなわち労働過程の反復が必要とされる。なかに価値が存在する使用価値の、すなわちいまや資本の肉体として現われている使用価値の特殊的性質が、ここでは、それ自身形態規定的であるもの、そして資本の行動を規定するもの、ある資本に他の資本とは異なるある特殊的属性を与えるもの、前者を特殊化させるもの、として現われるのである」（『資本論草稿集』②400〜401ページ）。

なかなか難しい言い回しですから、若干の解説をくわえておきましょう。

資本の生産過程を一回限りのものとして観察するときには、生産物がどのような使用価値であるかということは無視しても、経済学的観察に影響は与えません。しかし、再生産過程を連続的に反復して観察するときには、状況は違ってきます。生産物がいかなる使用価値であるかによって、再生産過程の進行の速度その他が変わってくるのです。これは、資本を体現している使用価値の特殊的性質が「資本の行動」を規定し、その資本に他の資本とは違う「ある特殊的属性」を与え、この資本を「特殊化させる」ものとして現われる、ということです。

こういう角度から考えると、使用価値を経済学的考察の対象外と位置づけてきた、これまでの考え方を根本から変えなければなりません。マルクスは、こういう立場から、議論を進めます。

「だからこそ、すでに多くの場合について見てきたことであるが、使用価値と交換価値との区別立てが――単純な流通ではこれは、流通が実現されるかぎり、経済的形態規定の外部に属するのであるが――、一般に経済的形態規定の外部に属する、と判断すること以上の誤りはない。むしろわれわれが見いだしたのは、経済的諸関係の発展の段階が異なるにつれて、交換価値と使用価値とが異なった関係のなかで規定されており、そしてこうした規定性それ自体が価値そのものの異なった規定として現われている、ということであった。使用価値が、それ自身経済的範疇として、一つの役割を演じるのである。それがどこでこの役割を演じるかは、展開そのものから明らかになる」(同前401ページ)。

一定の条件のもとでは、〝使用価値がそれ自身経済的範疇として、一つの役割を演じる〟。マルクスが、ここで引きだしたこの結論は、資本の再生産過程とか固定資本の流通とか、ここで直接取り上げられた分野でだけでなく、経済学の全領域に適用される根本的指針となるべきものでした。おそらくマルクスは、『五七~五八年草稿』のこの部分をあらためて読み直して、ここでみずからが記したとおり、著作の冒頭に位置する商品論を、まずこの見地で根本的に書き直す決意をかためたのではないでしょうか。

マルクスは、草稿の続く文章で、使用価値を経済学の対象外としたリカードウが、自身の経済学研究において、その言明に反する態度をとっていることを指摘し、その自己矛盾を鋭く批判します。

「たとえばリカードウは、ブルジョア経済は交換価値だけを扱うのであって、使用価値はたんに外面的に引き合いにだすだけだと信じているが、ほかならぬ、交換価値の最も重要な諸規定を、使用価値から、使用価値の交換価値にたいする関係から、取り出している。たとえば、地代、賃銀の最低限、固定資本と流動資本の区別がそうであって、彼は、まさにこの最後の区別に、諸価格の規定にたいする最も重要な影響（……）を帰せしめているのである。需要と供給との関係、等々の場合も同様である」（同前）。

ここまで読むと、「索引」づくりのために『五七～五八年草稿』の全体を読み直したことが、『経済学批判』の最初の部分の根本的書き換えをマルクスに決意させた、大きな、そして最大の契機となったであろうことは、容易に想像できることです。

『経済学批判』第一分冊の完成まで

その後の執筆の様子は、エンゲルスやラサール[*1]への手紙での報告と、残された「原初稿[*2]」などから推測するしかありませんが、１８５８年8月に入ってから本格的な仕事にとりかかったようです。

＊1　執筆中の『経済学批判』の出版者をドイツで見つけてくれるように頼み、ベルリンの出版者ドゥンカーとの契約を仲立ちしてくれたのが、1848年のドイツ革命中に知り合ったラサール（フェルディナント、1825～64）でした。それでラサールには、仕事の進行状況を、何度か報告していました。

＊2　**「原初稿」**「第二章　貨幣」の後半部分と「第三章　資本」の「貨幣の資本への転化」の節の冒頭部分が残されており、1858年8～10月の執筆とされます（『資本論草稿集』③所収）。

10月までは、「資本一般」全体の執筆に取り組み、11月に入ってから、新しい構想での商品と貨幣の章の書き換え（実際は、書き換えというより新稿の執筆だったでしょうが）に集中するなかで、その部分が「最初の予定」よりずっと大きくなり、ついに、「商品」と「貨幣または単純な流通」の部分だけで「第一分冊」を刊行するという決断にいたったのでした。11月29日にエンゲルスにおくった手紙は、その決断への過程の中間報告として読めるでしょう。

「妻は原稿を清書中だが、今月末より早くは発送はおぼつかないようだ。この遅延の原因は、身体の具合がわるかったための長い中絶だが、それはいまでは時候が寒くなったので、なくなった。家庭や金銭の苦労が多すぎたこと。最後には、第一の部分が、さらに大きくなったこと。というのは、最初の二章、そのうち第一章、商品は、草案では全然書かれてなかったものであり、また第二章、貨幣または単純な流通は、ごく簡単な輪郭だけしか書かれていなかったものだが、この二章が最初に企画していたよりもずっとくわしく書き足されたからだ」（全集㉙290～291ページ）。

商品世界研究の新しい次元。『経済学批判』、そして『資本論』へ

『経済学批判』は1859年6月、ベルリンで刊行されました。その冒頭には、次の文章があります。

「一見したところでは、ブルジョア的富は一つの巨大な商品の集まりとして現われ、個々の商品はこの富の元素的定在として現われる。ところがそれぞれの商品は、使用価値と交換価値という二重の観点のもとに自己をあらわしている」（全集⑬13ページ）。

使用価値をはじめて経済学の対象として扱うという立場を、冒頭から鮮明に書きだした文章ですが、次のページでは、その方法論的な根拠が詳細に説明されています。

「商品であるということは、使用価値にとって無関係な規定であるように思われる。経済的形態規定にたいしてこのように無関係な場合の使用価値は、すなわち使用価値としての使用価値は、経済学の考察範囲外にある。*使用価値がこの範囲内にはいってくるのは、使用価値その

ものが形態規定である場合だけである。直接には使用価値は、一定の経済的関係である交換価値があらわされる素材的土台である。

＊　これこそ、ドイツの書物の切張り屋連が『財』という名称のもとに固定された使用価値をこの んで論じるのはなぜかという理由である。たとえばL・シュタイン『国家学体系』第一巻、『財』にかんする篇を見よ。『財』にかんする知識は『商品学指針』のうちに求めなければならない」（同前14ページ）。

ここでマルクスは、シュタインをひっぱりだすことによって、自分が商品の使用価値を論じる立場をより鮮明にしています。それは、〝商品学〟的知識のひけらかしではなく、商品世界の本質を解明するには、商品の使用価値という「経済的形態規定」の意義と役割の解明が不可欠だからなのです。

ここから出発して、マルクスは、交換価値と使用価値の二面性とその統一にこそ、商品の基本的性格があること、その二面性の根底に、一般的人間的労働と具体的特殊的労働という労働の二重性があることとの解明に進みます。

こうして始まった使用価値規定の経済学への本格的導入は、商品世界の研究の新しい次元を開きました。それは、『五七～五八年草稿』の商品＝貨幣論と、『経済学批判』のそれとを読みくらべてみれば、よくわかります。『五七～五八年草稿』ではわずか数ページの走り書きだった商品論はもちろんですが、マルクスがその時点の全知識を傾けて執筆した力作・貨幣論も、まったくその様相を一変させました。商品の科学的分析から出発することによって、経済学の歴史のうえで、貨幣論が初めて科学となったと言っても、言い過ぎではないと思います。

それから、一〇年余り、マルクスには、商品＝貨幣論をまとめる機会はありませんでした。『資本論』第一部第一篇が、公刊された久方ぶりの商品＝貨幣論ですが、第一部の本文（１８６７年執筆）、エンゲルスの助言を受けて書き足した「付録　価値形態」（１８６７年６月頃執筆）、それを統合した第一部第二版の本文（１８７３年）と、そこにも一連の歴史がありました。私たちが読んでいるのは１８７３年、第二版のものですが、その内容には、『経済学批判』以後十数年の理論的発展の歴史がこめられています。新たな発展の代表的な部分としては、次の諸点があげられるでしょう。*

＊　**商品＝貨幣論の弁証法**　マルクスは、『資本論』第一部の初版（１８６７年）を刊行したとき、「商品と貨幣の章」（第一章、現行版では第一篇）の特別の難しさについて、「序言」でこう書きました。

「なにごとも初めがむつかしいということは、どの科学にもあてはまる。だから、第一章、ことに商品の分析を含む節を理解することは、最大の難関になるであろう。価値実体と価値量の分析についてさらに詳しく言うと、私はこの分析をできるだけ万人向きのものにした。価値形態の分析はそうはゆかない。このほうの分析は難解である。なぜなら、弁証法が、前者の叙述のばあいよりもはるかに鮮明だからである。だから、弁証法的な思考に全く不慣れな読者に、私は次のことをすすめておく。すなわち、一五ページ（上から一九行目）から三四ページ末行までの部分はすっかり省いたまま読まずに、その代わり、本書に追補してある付録『価値形態』を読む、ということ。この付録では、問題の科学的な把握が許すかぎりでこの問題を単純にまた教師風にさえ叙述することが、試みられている。付録を読み終わってから、読者は本文に戻って三五ページから読み続ければよい」（前掲江夏訳『初版　資本論』9～10ページ）。

この文章のうち、「価値形態の分析はそうはゆかない。……」以下の文章は第二版以降、現行版でも全部削除されています。第二版で、付録の内容をくみこんで本文を全面的に書きかえたことによる削除だと思いますが、商品＝貨幣論の弁証法的性格をマルクス自身が強調した文章として意味の深い部分なので、紹介しておきます。

（一）商品の相互関係を「価値形態」としてとらえ、その両極をなす「相対的価値形態」と「等価形態」の意義を明らかにし、価値形態の発展の諸段階（A　簡単、個別的な、または偶然的な価値形態、B　全体的な、または展開された価値形態、C　一般的価値形態、D　貨幣形態）を解明することで、商品世界における貨幣の本質的性格とその誕生の必然性を解明したこと。ただ、『経済学批判』では、『資本論』でおこなっている、価値形態の論理的発展と交換過程の現実的発展との区別はなく、そのすべてが「交換過程」の歴史的発展の問題として叙述されていました。

（二）「商品の物神的性格」という問題を初めて提起し、人間のあいだの社会的性格がすべて物と物との関係として現われる商品生産社会、資本主義社会の逆立ちした神秘的性格の根源に初めて科学のメスをいれたこと。

「この種の諸形態こそが、まさにブルジョア経済学の諸カテゴリーをなしている。それらは、商品生産というこの歴史的に規定された社会的生産様式の生産諸関係にたいする、社会的に妥当な、したがって客観的な思考諸形態なのである」（『資本論』新版①136ページ、ヴェルケ版Ⅰ90ページ）。

（三）商品世界の諸関係のなかに「恐慌の可能性」があることを、明確に立証したこと。

「商品に内在的な対立」……「この内在的矛盾は、商品変態の諸対立において、それの発展した運動諸形態を受け取る。だから、これらの形態は、恐慌の可能性を、とはいえただ可能性のみを、含んでいる。この可能性の現実性への発展は、単純な商品流通の立場からはまだまったく存在しない諸関係の全範囲を必要とする」（同前200～201ページ、ヴェルケ版Ⅰ128ページ）。

『経済学批判』でも「商業恐慌の一般的可能性」についての言及はありましたが、まだ大まかな指摘という域をでませんでした。[*]

＊『経済学批判』での恐慌の可能性への言及　「この分離〔交換過程での購買と販売の分離――不破〕は、社会的物質代謝の関連しあう諸契機の分裂とそれらの対立的固定化との一般的形態であり、一言でいえば、商業恐慌の一般的可能性である」（『経済学批判』全集⑬78ページ）。

三　固定資本。使用価値規定をめぐる混迷

「固定資本」と「流動資本」をどう定義するか　スミスとリカードウの場合

ここで、使用価値規定をめぐる『五七～五八年草稿』の検討にもどります。ここはまだ、マルクスが使用価値規定の経済学的意義を、その突破口となった剰余価値論においてだけ認めた段階だということを頭において、読み進んでください。

そのマルクスが、この草稿執筆を「資本の流通過程」の部に進めるなかでぶつかった一つの重大な難問は、「固定資本」と「流動資本」の定義という問題でした。

この問題については、古典派経済学の主流では、定義はほぼ確定していました。

スミスの場合。まず、Ａ・スミスですが、彼は、「流動資本」を、資本家に「継続的交換」のおかげで利潤をもたらす資本、つねにある一つの形態で彼の手をはなれもう一つ別の形態でその手に帰ってくる資本、と定義しています（『諸国民の富』㈡236ページ）。ちょっとわかりにくい定義ですが、その実例として、賃金や作業に使う材料をあげているのを見ると、その具体的意味が分かります。つまり労賃と原料、燃料に充てる資本部分が、スミスの言う「流動資本」なのです。

「固定資本」はどうか。スミスの定義は、「土地の改良に使用される」資本、「有用なもろもろの機械や職業上の用具の購買にも使用される」資本です（同前237ページ）。

その結論に近づく過程には、スミス独特の言いまわしや整理の仕方があって、問題点もあちこちに残るのですが、大まかに言うと、原料や燃料を除く生産手段に投じる資本が固定資本、労賃および原燃料に充てる資本が「流動資本」だという区分と見てよいでしょう。

リカードウの場合。リカードウの『経済学および課税の原理』には、この問題で、次の記述があります。

「資本は、すみやかに消滅しやすくしばしば再生産されることを要するか、あるいはゆっくり消費されるものであるかにおうじて、流動資本の項目かあるいは固定資本の項目に分類される。[*] その所有する建物や機械が高価であり耐久的である醸造業者は、大きな固定資本部分を使用するといわれ、これに反して、その所有する資本が、主として賃銀の支払に、すなわち、建物や機械よりも消滅しやすい商品である食物や衣服に支出される賃銀の支払に使用される製靴業者は、彼の資本の大きな割合を流動資本として使用するといわれる。

＊　これは本質的な区別ではなく、そこに境界線を正確に引くことはできない」（前掲『リカードウ全集』Ⅰ35ページ）。

リカードウ自身が注記しているように、あいまいさを残してはいますが、先にスミスの区分の際にのべたことが、おおよそはあてはまると見てよいでしょう。

『五七～五八年草稿』でのマルクス

では、マルクスは、この問題をどう論じるか。

『五七～五八年草稿』では、「資本の流通過程」の項目で、固定資本と流動資本の問題をとりあげるのですが、私自身の経験を言うと、その章の冒頭にかかげた定義を最初に読んだとき、あまりにも意外な定義に驚きを禁じ得ないものがありました。若干長い引用になりますが、ご了解ください。

「資本の総生産過程は、本来的流通過程をも本来的生産過程をも含むものである。これらの過程は資本の運動の二大段落をなし、またこの運動はこの二過程の総体として現われる」（『資本論草稿集』②358ページ)。

資本の総生産過程とそこでの資本の運動をこう概括したうえで、マルクスはまず、「流動資本」の定義をあたえます。

「主体としては、すなわち、この運動のさまざまの局面を統括する価値、この運動のなかで自己を保持しかつ倍加する価値としては、ある種の円環運動を描いて――螺旋《らせん》すなわち拡大していく円環として――進行するこれらの転換の主体としては、資本は流動資本である。それゆえ流動資本は、まず第一には、資本の特殊的形態ではなくて、描かれた運動――資本そのものがそれ固有の価値増殖過程としてはこのような運動である――の主体という、いっそう進んで展開された規定にある、そも資本なるものなのである。だからこの側面から見れば、じっさいどの資本も流動資本である」(同前358~359ページ)。

では、「固定資本」とはなにか。

「資本がこのように流通の全体としては流動資本であり、ある局面から他の局面への移行であるとすれば、資本はまた同様に、どの局面でも、特殊的姿態に封じこめられたものとして、ある一つの規定性のなかに措定されているのであって、そのような規定性は運動全体の主体としての資本の否定である。だから資本は、どの特殊的な局面においても、さまざまな転換を経ていく主体としての資本の否定である。非流動資本。固定資本、厳密に言えば、固定された資本、すなわち、資本が通過しなければならないさまざまな規定性、局面のうちの一つに固定されている資本。資本がこれらの局面――この局面自体が流動的な移行として現われることはないのであり、またどの局面にもそれぞれの継続時間がある――のうちの一つにとどまり続けているあいだは、資本は流動的ではなくて、固定されているのである」（同前359ページ）。

要するに、資本は、流通過程（G＜A Pm）―生産過程（P）―流通過程（W―G）の諸局面を循環的に運動するが、その全局面にわたる運動の主体としてとらえた概念が「流動資本」であり、生産過程であれ、流通過程であれ、運動の一局面にある資本を固定的にとらえた概念が「固定資本」だというわけです。

マルクスが、この誤った規定から抜け出して、固定資本と流動資本の正確な科学的規定に到達するには、再検討と模索の相当な時間を要しました。

いったい、この問題でなにがマルクスをかくも混乱させたのか。私は、その根源は、この問題で固定資本と流動資本を区別するのが、ほかならぬその資本部分の使用価値の違いだ、という点にあったのだと考えています。

燃料や原料がなぜ「流動資本」なのか。それはこれらの商品、生産過程で消費され、その全価値が生産物に移転するという使用価値をもった商品であるからです。道具や機械などがなぜ「固定資本」なのか。それは、これらのものが、繰り返し生産過程で使用され、その機能が利用しつくされて廃棄されるまでに長期にわたってその機能を維持し続ける、こういう使用価値をもった生産手段であるからです。ここではまさに、それぞれの使用価値の違いが、原燃料と道具・機械を区別する境界線となっているわけで、経済規定における使用価値の役割をまだそこまで認めるところには到っていなかったマルクスにとっては、その区別はなかなか認めがたい定義だったのでした。

その思考と認識の過程には、かなり長い模索や曲折がありましたが（その模索は、『草稿集』でほぼ一〇〇ページ、マルクスのノートで二〇ページにもおよびました）、マルクスは最後には、固定資本と流動資本の区別の根底に、使用価値の面から見たそれぞれの資本の性格の違いがあることを、正確に認識するようになります。

次の文章は、そこまで進んだ段階での、固定資本と流動資本についてのマルクスの規定です。

固定資本。「価値としては、固定資本は流通する」が、「使用価値としては、固定資本は流通しない。素材的側面から生産過程の契機として考察されるかぎりでの固定資本は、自己の領域をけっして離れず、それの所持者によって譲渡されず、彼の手中にとどまっている。それは、ただそれの形態面から見てのみ、資本として、多年生の価値として流通する」（同前452〜453ページ）。

流動資本。「流動資本は、交換価値として流通し存在するためには、使用価値として流通にはいり、譲渡されなければならない。……流動資本は、譲渡されてはじめて、資本にとっての価値として実現されるのである」（同前453ページ）。

両者の対比。「所持者の手中にとどまっているあいだは、それ［流動資本──不破］は、即自的な価値をもつだけで、措定されてはいない。可能的にだけ価値であって、現実的にはそうではない。これとは反対に、固定資本が価値として実現されるのは、ただ、それが使用価値として資本家の手中にとどまっているかぎり、あるいは物象的な連関として表現すれば、それが生産過程にとどまっているかぎりにおいてのみである」(同前)。

なお、付言すれば、この篇の「二一　商品論の新たな発展――使用価値と交換価値の対立と統一」のなかで、そのきっかけとなった『五七～五八年草稿』中のマルクスの文章――「使用価値と交換価値」にかかわる反省的な文章を紹介しましたが(本書139～143ページ)、あの文章は、いま見てきた「固定資本と流動資本」の問題を考察するなかで書きつけた文章でした。この文章を執筆したそのときには、商品論の書き換えにまでは思いいたらなかったのだと思いますが、この時の思考過程についての索引ノートの書き込みが刺激となって、商品論のあの大転回にいたったのでした。

四　機械段階の「固定資本」論（『五七〜五八年草稿』）

機械段階。労働者の地位はゼロに近づくか

次に進みましょう。

『五七〜五八年草稿』の固定資本論には、諸項目の編成にかかわる大きな問題がありました。それは、マルクスが、資本主義的生産の高度な発展段階をなす機械制工業の問題を、「資本の生産過程」の問題とせず、「資本の流通過程」での研究課題としてしまったことです。「資本の生産過程」では、「相対的剰余価値」の問題は取り上げられましたが（『資本論草稿集』①430〜443ページ、「相対的剰余価値」の言葉の初出は417ページ）、そこでは労賃と剰余価値の量的な関係だけの検討にとどまり、生産力発展の内容、とくにその発展段階の問題や実体的内容には論及がなく、機械については、その言葉さえ登場しなかったのでした。

機械という発展段階を無視したこうした論じ方の根底にも、使用価値の無視という根本問題が

ありました。そのことが、機械制工業の問題を、「資本の流通過程」の固定資本論の一部として論じるという理論構成を生みだしたのでした。

『五七～五八年草稿』では、編者が［固定資本と社会の生産諸力の発展］という表題を付けた小項目で、機械段階の固定資本が論じられます。

そして機械段階での生産力の飛躍的な発展に圧倒されたのか、マルクスは、そこでは、労働者と労働手段との関係が逆転する、いまや生産の主体は、労働者から機械に移行したという結論を引きだします。

「労働手段は、資本の生産過程に取り入れられると、さまざまな変態を通過していくのであって、この変態の最後が機械である、というよりはむしろ、自分自身で運動する動力という一つの自動装置によって運動させられる、機械装置の自動的体系《システム》である（つまりは機械装置の体系《システム》である。自動的体系《システム》は機械装置の最も完成した最も妥当な形態にほかならないのであって、これが機械装置をはじめて一つの体系に転化するのである）。この自動装置は、多数の機械的器官と知的器官から成っているので、労働者自身は、ただこの自動装置の意識ある手足として規定されているにすぎない」（『資本論草稿集』②474～475ページ）。

マルクスは、ここから、機械段階では、機械と労働者の関係は、これまでの労働手段と労働者の関係とは根本的に違ってきた、という結論をひきだします。

「機械では、まして一つの自動的体系《システム》としての機械［装置］では、労働手段はその使用価値から見て、すなわちその素材的定在から見て、固定資本および資本一般に適合的な存在に転化しており、また、労働手段が直接的労働手段として資本の生産過程にとりいれられたさいの形態は、資本それ自体によって措定された、またそれに照応する形態のなかに止揚されている。機械は、どの点から見ても、個々の労働者の労働手段としては現われない。機械の種差は、労働手段の場合とは違って、客体にたいする労働者の活動を媒介することではけっしてないのであり、むしろ労働者のこの活動のほうが、もはや機械の労働を、つまり原料に対する機械の作用を媒介する——監視し、機械の故障を防止する——にすぎないものとして措定されているのである。用具の場合には、労働者が、器官としてのこれに、自分自身の熟練と活動とをもって魂を吹き込むのであり、だからまた、それの取り扱いが彼の名人芸に依存するのであるが、これとは違って、労働者に代わって熟練と力をもっている機械は、それ自身が名人であって、自己のなかで作用する機械的諸法則のかたちで自分自身の魂をもっており、そして労働者が食糧を消費するように、自己の不断の自己運動のために、石炭、油、等々〔用具材〕を消費するのである。たんに抽象的に活動しているということだけに限られている労働者の活動は、あらゆる側面から見て、機械装置の運動によって規定され規制されているのであって、その逆ではない。科学は、魂をもたない機械装置の手足に、これの構造を通じて、合目的的に自動装置として作用することを強制するのであるが、この科学は、労働者の意識のうちに存在するのではなく、機械を通じて、他者の〔疎遠な〕力として、機械そのものの力として、労働者に作用する。

……生産過程は、過程を支配する統一としての労働が過程を統括している、という意味での労働過程であることをやめてしまった。……機械装置に対象化された価値は、……それに比べれば**個々の労働能力の価値増殖的力は、無限に小さなものとして消え失せる**ような前提として現われる」（同前475〜476ページ、太字は不破）。

機械段階では、生産過程の担い手は一〇〇％機械であって、労働者は機械の生産活動をごく部分的に支援する一部品にすぎず、労働者の労働による価値増殖などは、「機械装置に対象化された価値」にくらべれば「無限に小さなものとして消え失せる」――これは、労働価値説はこの段階ではもはや問題にならなくなる、と言わんばかりの驚くべき言明でした。

ユア『工場哲学』を読みながら

この言明は、機械段階の資本主義的生産にたいするマルクスの当時の認識の弱点を、鋭く表わしたものと言わなければなりません（マルクスは、この段階ではまだ、機械工場を、使用価値の観点、つまり技術学的な観点から、詳細に観察し、分析した経験はなかった、と思います）。

機械論に入る最初の部分で、マルクスは、イギリスの経済学者ユアの著作『工場哲学』から工場生産を特徴づけた文章を引用し、そこにある「巨大な自動装置」としての側面だけに注目して、いま紹介した議論を展開したのですが、ユア『工場哲学』のこの引用ぶりそのものが、一面的なものでした。ユア自身は、マルクスが引用した文章の中で、「巨大な自動装置」論のすぐ前のところで、機械工場のもう一つの側面を指摘していました。マルクス自身、この草稿のなかで、その指摘も引用しながら、そのあとは、その見方をまったく無視して議論を進めたのです。

マルクスが無視したもう一つの指摘とは、労働者の側から工場労働を特徴づけた次の指摘です。

「工場とは、一個の中心的動力によってたえず活動させられる生産的機械体系《システム》を、熟練と勤勉とをもって監視するさまざまな部類の、成年と未成年の労働者の協業を意味してい」る（同前471ページ）。

しかし、第二の特徴づけに頭を奪われたマルクスは、この最初の特徴づけにはなんの注意も払わず、見過ごしてしまったようです。*

＊『資本論』では　ユアのこの文章は『資本論』にも登場しますが、マルクスは、ユアの二つの表現をきちんと紹介し、「第二の表現」に傾きがちなユアの批判までおこなっています。マルクスの機械工場論の発展の筋道がよくわかる経過なので、『資本論』のその部分を紹介しておきます。

「自動化工場のピンダロス［ギリシアの抒情詩人――不破］であるユア博士は、この自動化工場を、一方では、『一つの中心力（原動力）によって間断なく作動させられる一つの生産的機械体系を、熟練と勤勉とをもって担当する、成年・未成年のさまざまな等級の労働者の協業』であると記述し、他方では、『一つの同じ対象を生産するために絶えず協調して働く無数の機械的器官および自己意識のある器官――その結果、これらすべての器官が自己制御的な一つの動力に従属する――から構成されている一つの巨大な自動装置』であると記述している。

これらの二つの表現は、決して同じではない。第一の表現では、結合された全体労働者または社会的労働体が支配的な主体として現われ、機械的自動装置は客体として現われている。第二の表現では、自動装置そのものが主体であって、労働者はただ意識のある諸器官として自動装置の意識のない諸器官に付属させられているだけで、後者とともに中心的動力に従属させられている。第一の表現は、大規模な機械設備のありとあらゆる充用にあてはまり、第二の表現は、それの資本主義的充用を、それゆえ近代的工場制度を特徴づけている。それゆえユアはまた、運動の出発点となる中心機械をただ自動装置《アウトマート》としてのみならず、専制君主《アウトクラート》として叙述することを好むのである。

『これらの大きな作業場では、仁愛な蒸気の権力が自分のまわりに無数の家来を集めている』」（『資本論』③725ページ、ヴェルケ版Ⅰ441～442ページ）。

大工業の発展は価値規定を否定するか?

「固定資本と社会の生産諸力の発展」でのマルクスの脱線は、次の部分で、さらに大きな問題を生みだしました。

「大工業の発展」が進むと、現実的富の創造が、労働時間と労働の量に依存することがますます少なくなり、人間は、労働によってではなく、「生産過程それ自体にたいして監視者ならびに規制者として関わるようになる……労働者は、生産過程の主作用因であることをやめ、生産過程と並んで現われる」(『資本論草稿集』②489〜490ページ)。

マルクスのこの推論は、さらに進んで、大工業のもとでは、価値法則が機能を停止するという驚くべき断定にまでゆきつきます。

「直接的形態における労働が富の偉大な源泉であることをやめてしまえば、労働時間は富の尺度であることを、だからまた交換価値は使用価値の[尺度]であることを、やめるし、またやめざるをえない」(同前490ページ)。

「大工業の発展」が価値法則の否定を生み出す、おそらくこういう結論は、固定資本論を始めた時には、マルクス自身予想しなかったことだったでしょうし、『五七〜五八年草稿』のなかでもこのページを書き終えてあとの部分では、二度と現われてこないことでした。

機械段階の本格的な研究を抜きにした「固定資本」論の弱点を、はしなくも露呈した一時期として見るべきだと思います。

五　『六一～六三年草稿』での使用価値規定

著作の第一歩から使用価値と交換価値の弁証法が登場

１８５８年5月末、『五七～五八年草稿』の執筆を終え、翌５９年1月にその最初の部分――商品と貨幣の部分を著作『経済学批判』第一分冊に仕上げたマルクスは、その刊行後、続く著作の準備にとりかかりました。

この時期に、マルクスに経済学の著作執筆の一時中断を決断させた一事件――フォークトの反共攻撃――が起こりましたが、この闘争に勝利した後、マルクスは経済学の著作準備に戻ります。そして、１８６１年8月、『経済学批判』第二分冊「資本にかんする章」の草稿執筆を開始したのでした。これが、『六一～六三年草稿』です。

草稿は、「貨幣の資本への転化」から始まりますが、まず目につくのは、使用価値と交換価値の弁証法が、この節の全体を、初めから終わりまで貫いていることです。その叙述は、『五七〜五八年草稿』ではまだ手探りの様相を大きく残していたのとはちがって、ここでは、『経済学批判』での使用価値規定への新たな注目が資本＝労働関係の分析に全面的に生かされ、理論的にはほぼ完成した様相を呈しています。

この草稿の「貨幣の資本への転化」の章は、『資本論』の「第四章　貨幣の資本への転化」、「第五章　労働過程と価値増殖過程」、「第六章　不変資本と可変資本」の三章全体に対応するものですが、使用価値と交換価値の統一という観点から資本主義的搾取の核心を究明するという点では、『五七〜五八年草稿』よりはるかに進んだ内容をもっており、新しい課題に挑戦するマルクスの意欲に満ちた力作と言えるでしょう。

マルクスが、ここで新たな力点を置いた部分にとくに注目しながら、ここでの論立ての主な筋道を紹介してゆきましょう。

マルクスはまず、資本の定式であるG—W—G＋g（剰余価値）が実現することは、「その消費が価値創造あるいは労働の対象化と同義であるような一商品との交換によってでしか」できない（『資本論草稿集』④51ページ）、「そのような使用価値をもっているのは生きた労働能力だけである」（同前）と論じます。

続く部分で、マルクスは、なぜ労働力の使用価値が経済学の研究対象となるかという問題で、たいへん丁寧な説明をしています。この時期はまだ、いかなる商品についてであれ、どういう理由でこの商品の使用価値が経済学の対象になるかについて、特別の説明をすることが必要だった時代だったのです。言い換えれば、それは、使用価値問題へのマルクスの取り組みがいかに大胆な問題提起であったかを示したものだと思います。

「〔このことは＝不破〕この商品〔労働能力＝不破〕の独自な本性、ならびに、買い手によってそれが買われるさいの独自な目的――すなわち、自分が自己自身を増殖する価値の代表者であることを実証しようという、買い手の目的――と関連している。さらに――しかもこのことは本質的なことであるが――、この商品の特殊的な使用価値とこの使用価値の使用価値としての実現が、経済的関係、経済的形態規定性そのものに関係しており、したがってまたわれわれの考察の範囲にはいる、ということがつけ加わる」（同前81～82ページ）。

次に、「労働過程」の考察に進みますが、そこではまず、「現実的労働」は、「ある使用価値を作りだすための……合目的的な活動」（同前83ページ）と定義され、「商品の使用価値そのものの考察が商品学に属するように、その現実性における労働過程の考察は技術学に属する」（同前84ページ）とされます。ここでは、「労働過程」とは、使用価値の側面から見た人間の生産活動の規定だということが、強調されます。この労働力が商品となり、資本家がその買い手として登場したのちには、労働過程が「価値増殖過程」となります（同前106ページ）。

「価値増殖過程」の根本問題、商品の等価交換の原則のもとで、資本家がなぜ剰余価値を手に入れるか、という問題は、すでに『五七～五八年草稿』で解決ずみの問題でしたが、マルクスは、ここで、『五七～五八年草稿』では提起しなかった新しい問題に挑戦します。

労働者は、その労働によって、新しい価値をつくりだすと同時に、労働材料や労働手段の価値を生産物に移転させる役割を果たします。同じ労働が、なぜこの二重の役割を果たしうるのか。これはこれまでの経済学が解決できなかった難問の一つでした。マルクスは、この難問に見事な解決を与えました。解決は、労働の二重性にあるのでした。

実例として、紡錘を使って綿花から糸を生産する紡績工の労働を取ってみましょう。彼は紡績工としての特殊的具体的労働を成功的におこなうことによって、紡錘と綿花の価値を、製品である綿糸に移転させます。一方、彼の労働は、一般的人間的労働の支出によって、生産物に新たな価値を付加します。一つの労働が、それが本来持つ特殊的具体的労働および一般的人間労働という二重の性格によって、原材料の価値の維持および新価値の付与という二重の役割を果たす。これは、マルクスの労働価値説の新たな勝利でした。

「現実の生きた労働としての労働は労働過程で価値を維持するが、他方、労働は抽象的な社会的労働、労働時間としてのみ、この価値に新価値を付加するのである」（同前125ページ）。

機械論でのつまずきと使用価値問題

『六一～六三年草稿』の執筆は、このあとも、たいへん順調に進みましたが、「3　相対的剰余価値」の「γ　機械」の所で、壁にぶつかり、草稿の執筆を中断したことは、第一篇第四章（本書96～100ページ）ですでに見てきたところです。

この中断の根底にも、やはり、使用価値問題がありました。

それまでの項目、「a　協業」、「b　分業」では、それが、生産力発展の一段階として問題になるのは、労働者の労働の態様の変化の問題でした。「協業」では、多数の労働者が同じ作業に協力して当たることが、生産力の新たな発展を生みだしました。「分業」（マニュファクチュア）では、異なる作業を労働者が生産過程のさまざまな部分を分担し合い、協力して一つの製品をつくりあげる異種労働間の共同作業が、新たな発展の内容でした。これは、すべて労働力にかかわる問題で、それを分析し考察するうえで、マルクスには、何の困難もなかったのです。

ところが、機械段階における生産力の発展は、発展の内容の次元が違いました。この発展をひき起こしたのは、機械の登場であり、新たに登場した機械の使用価値、言い換えれば、この生産手段の技術学的内容を理解しないでは、機械工業の段階に科学的分析のメスを入れることはできなかったのです。

マルクスは、この部分の執筆に当たっては、『五七～五八年草稿』当時の、機械段階では労働力の役割はゼロになるといった極端な見地はすでにのりこえていました。さらに、機械の問題を「資本の流通過程」の章で「固定資本」の一形態として扱うという方式もあらためて、「資本の生産過程」の章で扱うことにしたのも、重要な進歩でした。

しかし、その新しい立場で機械工業の分析をするということに転換はしたものの、機械についての使用価値面の知識をもたず、かんじんの資本主義的生産の機械段階の技術学的内容をつかまないままで「γ　機械」の執筆にとりかかったために、先に見たように、分析が、この段階の経済的な意義を的確に把握しえないままの空転に終わってしまいました。

剰余価値論で、使用価値を経済学の研究対象とするという突破口を開き、その見地を商品論に押しひろげて画期的な商品＝貨幣学説の確立に成功したマルクスでしたが、いまや、機械論での挫折を転機に、使用価値の世界のさらにより広範な探究に足を踏み入れることになったのです。

マルクスは、この決断をした後、技術学の勉強を開始しました。草稿の方は、すでに見たように、機械論にかかわる理論的困難とは関係がない「第三章　資本と利潤」の草稿をまず書き（『資本論草稿集』⑧所収）、そのあとは、「剰余価値にかんする諸学説」と題して、これまでの経済諸学説の研究にほぼ一年にわたって取り組むことになったのでした。

執筆再開後は使用価値規定を全面的に活用

マルクスは、1863年1月、「諸学説」に終止符を打って、*一年前に中断した「γ 機械」の執筆を再開しました。そこでは、機械制工業の技術学的知識の習得に打ち込んだ一年間の努力の成果が、全面的に発揮されましたが、その成果は、続く章で詳しく見ることにします（『六一〜六三年草稿』の執筆は1863年6〜7月に終了）。

＊ この部分にも、「間奏」あるいは「追補」として、論じ残した若干の経済学者（ヒューム、マッシー、ペティなど）の研究が含まれています。

こういう一連の経過を経て、マルクスは、1863年8月、『資本論』第一部初稿の執筆を開始する段階では、交換価値と使用価値の概念をあらゆる問題で縦横に活用する価値論の達人として現われたのでした。

そのことは、現在残っている第一部初稿の唯一の草稿「第六章　直接的生産過程の諸結果」でも、よく見ることができます。そこでは、経済分析のあらゆる場面で、使用価値規定が縦横の活躍をしているのです。

例えば、冒頭の部分にある「資本」の生産過程の分析を見てください。次のような調子で始まるのです。

「いま、われわれが、直接的生産過程のなかにある資本の姿を考察するならば、それは、単純な商品と同じように、使用価値と交換価値との二重の姿をもっている。……まず第一に使用価値について言えば、その特殊な内容、そのさらに進んだ規定性は、商品の概念規定にとってはまったくどうでもよいことだった。商品であるべき、したがってまた交換価値の担い手であるべきだった物品は、なんらかの社会的欲望を満足させなければならなかったし、したがってまたなんらかの有用な属性をもっていなければならなかった。それだけのことである。生産過程で機能する商品の使用価値のほうは、そうではない。労働過程の性質によって、生産手段はまず第一に労働対象と労働手段とに分かれ、またはもっと細かく規定すれば、一方の原料と他方の用具や補助材料などに分かれる。これは、労働過程そのものの性質から生ずる使用価値の形態規定であって、このように――生産手段に関しては――さらに進んで細かく規定されるのである。使用価値の形態規定が、この場合には経済的関係の展開にとって、経済的範疇の展開にとって、本質的にさえなるのである」（国民文庫版『直接的生産過程の諸結果』16〜17ページ）。

こうした引用は、第一部初稿の残された部分から、いくらでも引き出すことができます。1861年の機械論での中断という失敗から教訓をひきだして、機械論の技術的側面を徹底的に学び取り、その知識をそれ以後の経済学研究に生かしただけでなく、社会の経済生活における使用価値規定の意味を全面的につかみ取り、それをあらゆる面で経済研究に生かしぬく。私は、あの苦い教訓以後のマルクスは、使用価値規定の全面的活用という点で、文字通り達人の域に達したと言って、けっして言い過ぎではないと考えています。

六　俗流経済学者の滑稽な非難にたいして

最後に、そのマルクスと使用価値規定との関係をめぐる、晩年の一つのエピソードを紹介して「使用価値と交換価値の弁証法」の篇の結びとすることにします。

1879年、ヴァーグナー*というドイツの俗流経済学者が、『経済学教科書』と題する一著作を出して、そのなかでマルクス攻撃をおこない、こともあろうにマルクスを、「『使用価値』は『科学から』まったく『遠ざける』べきであるとする人々の仲間」に入れて非難したのです。

＊　**ヴァーグナー**、アードルフ（1835〜1917）　ドイツの経済学者で、いわゆる社会法学派の代表者。キリスト教社会党の創立者（1878年）。

マルクスは、公然と反論すべき相手ではない、と考えたのでしょうか。公的にはなにも発言しませんでしたが、自分のノート（抜粋帳）に詳細な批判を書きつけました（「アードルフ・ヴァーグナー著『経済学教科書』への傍注」「1879～81年のマルクスの抜粋帳から」全集⑲）。

ここには、ヴァーグナー反論にとどまらず、マルクスの商品論、価値論のマルクス自身によるたちいった解説が展開されており、私たちが参考にすべき点が多く含まれています。そのさわりの部分だけを紹介しておきましょう。

まず、マルクスを「使用価値」の敬遠派の仲間だとした「たわごと」への反撃です。相手は「たわごと」ですが、マルクスは、自身の商品論における使用価値規定の位置づけをていねいに説明して、「たわごと」の根拠をねこそぎうち砕いていています。

「これはすべて『たわごと』である。……私が出発点とするものは、いまの社会で労働生産物がとる最も簡単な社会的形態であり、そしてこれが『商品』である。それを私は分析するのであり、しかもまず第一にそれが現われる形態においてである。さてここで私は、それが一方ではその現物形態では使用物、別な言い方では使用価値であり、他方では交換価値の担い手であり、この観点からはそれ自身『交換価値』であることを発見する。後者をさらに分析してみると、交換価値は商品にふくまれている価値の『現象形態』、独立した表示の仕方であることが私にわかり、ついで私は後者の分析にとりかかる。それだから第二版の三六ページ〔『資本論』新版①110ページ、ヴェルケ版Ⅰ175ページ、――不破〕ではっきりとこう言っている。『この章のはじめでは、普通の流儀にしたがって、商品は使用価値および交換価値であると言ったが、これは、厳密に言えば、誤りであった。商品は、使用価値または使用対象、および「価値」である。商品は、その価値がその自然形態とは異なる一つの独自な現象形態、交換価値という現象形態をとるやいなや、あるがままのこのような二重物として自己を表わすが』うんぬん。だから、私は抽象物である『価値そのもの』がそれへ分裂する対立物である使用価値と交換価値とに、価値そのものを分けてはいない。そうではなく、労働生産物の具体的な社会的姿態である『商品』が、一方では使用価値であり、他方では『価値』――交換価値ではなく――なのである。なぜならば、たんなる現象形態は、商品の本来の内容ではないからである」（全集⑲369ページ）。

続けて、マルクスは、商品生産社会における商品の使用価値が「歴史的に特殊な性格」をもつことを、他の形態の社会、たとえば原始共同体社会と比較することでうきぼりにしてみせます。

「『商品』――最も簡単な経済的具体物――を分析しなければならないときには、眼前にある分析の対象となんらかかわりのないすべての関連を度外視しなければならない。しかし、使用価値であるかぎりの商品について言わなければならぬことは、それゆえ私は数行で言っておいたのだが、他方では、ここで使用価値――労働生産物――が現われる特徴的な形態を強調しておいた。すなわち、『ある物は、商品であることなしに、有用であり人間的労働の生産物でありうる。自分の生産物によって自分自身の欲求を満たす人は、確かに使用価値をつくり出すが、商品をつくり出しはしない。商品を生産するためには、彼は、たんに使用価値を生産するだけではなくて、他人のための使用価値、社会的使用価値を生産しなければならない』〔『資本論』、新版①76ページ、ヴェルケ版I55ページ――不破〕。……それとともに使用価値――『商品』の使用価値としての――は、それ自体歴史的に特殊的な性格をもつ。たとえば生活手段が共同で生産されて共同体成員のあいだに分配される原始共同体では、共同生産物がそれぞれの共同体成員の、それぞれの生産者の生活欲望を直接にみたすのであって、ここでは生産物の、使用価値の社会的性格は、それの（共同の）共有的性格のなかにある」（全集⑲370ページ）。

さらにマルクスは、自分の商品論では、商品がもつ二重の性格の指摘にとどまらず、その根底にある人間労働の二重の性格にまで分析を深めていることを指摘し、そこでは、「使用価値はいままでの経済学におけるのとはまったく違った仕方で重要な役割を演じていること」を浮き彫りにしました。

「他方では、この暗い人〔ヴァーグナー――不破〕は、私の場合にはすでに商品の分析において、商品が現われる二重の仕方にとどまらないで、ただちにそのさきへすすんで次のことを示しているということを見おとしている。すなわち、商品のこの二重存在のうちに、この商品をその生産物とする労働の二重の性格が、つまり有用労働、すなわち使用価値をつくる具体的な労働様式、および抽象的労働、どんな『有用な』仕方で支出されるかにかかわらない労働力の支出としての労働という二重の性格が表示されるということ（のちの生産過程の叙述はこれを基礎としている）、商品の価値形態の、最終的にはその貨幣形態の、それゆえに貨幣の発展においては、ある商品の価値が他の商品の使用価値に、すなわち他の商品の現物形態に表示されるということ、剰余価値そのものは労働力の『特殊的な』、もっぱらそれだけにそなわっている使用価値から引きだされるということ、等々、それゆえ私にあっては**使用価値はいままでの経済学におけるのとはまったく違った仕方で重要な役割を演じている**こと、しかし注意すべきことだが、使用価値が考察されるのは、その考察が、『使用価値』と『価値』の概念または語についてあれこれと理屈をこねることからではなく、あたえられた経済的形象の分析から生まれてくる場合につねに限られているということ、以上である」（同前371ページ、太字は不破）。

これらの言明には、マルクスの商品論の筋道のマルクス自身による解明として、私たち後世の『資本論』読者にとっては、多くの有益な理論的な整理や分析が含まれていますが、マルクスは、その論稿を途中で中断してしまいました。おそらく、経済学の歴史にあまりにも無知な人物を相手に本格的な論争をすることに、嫌気がさしたのかもしれません。

しかし、この「たわごと」の主ヴァーグナーにも、後世に役立つ一つの功績があります。それは「使用価値」問題を主題にした彼の論述が、以前には、経済学界でほとんど無視されていた「使用価値」が1870年代の後半には経済学界で完全な市民権を得た概念となってきたことの、一つの実証となっていることです。そういう変化を背景として、この概念の開拓者マルクスに、その否定者という非難の「たわごと」を浴びせるような道化者が登場したのです。

そう見れば、ヴァーグナーのばかげたエピソードにも、経済学界における『資本論』登場の意義の一端を示したという、予想外の役割があったとも言えるでしょう。

第三篇　発展と没落の弁証法

――「肯定的理解」と「必然的没落の理解」――

一 「恐慌＝革命」説の成立

1850年に誕生した「恐慌＝革命」テーゼ

いよいよ、マルクスが、『資本論』第一部第二版「あと書き」で述べた「第二の命題」――「肯定的理解」と「必然的没落の理解」の弁証法を研究するところにきました。「第二の命題」の全文を、もう一度紹介しておきます。

「その合理的な姿態では、弁証法は、ブルジョアジーやその空論的代弁者たちにとっては、忌まわしいものであり、恐ろしいものである。なぜなら、この弁証法は、現存するものの肯定的理解のうちに、同時にまた、その否定、その必然的没落の理解を含み、どの生成した形態をも運動の流れのなかで、したがってまたその経過的な側面からとらえ、なにものによっても威圧されることなく、その本質上批判的であり革命的であるからである」（『資本論』新版①33～34ページ、ヴェルケ版I28ページ）。

ここでマルクスが「現存するもの」と言っているのは、いうまでもなく資本主義的生産様式のことです。

この問題でも、『五七～五八年草稿』の執筆開始（１８５７年）から『資本論』第一部第二版の「あと書き」執筆（１８７３年）にいたるまでには、マルクスの弁証法観に大きな発展・進化がありました。

「必然的没落」の初期の理解という点で重要な意義をもつのは、１８４８～４９年のドイツ革命終結の翌年、ロンドンで亡命生活を始めたマルクスが、イギリス経済が好況の局面に入ったことを確認しながら、雑誌『新ライン新聞、政治経済評論』*に書きしるした次の文章です。

「このような全般的好況の場合は、ブルジョア社会の生産力がおよそブルジョア的諸関係内で発達しうるかぎりの旺盛《おうせい》な発達をとげつつあるのだから、ほんとうの革命は問題にならない。そうした革命は、この二要因、つまり近代的生産力とブルジョア的生産形態が、たがいに矛盾に陥る時期にだけ、可能である。……新しい革命は新しい恐慌につづいてのみ起こりうる。しかし革命はまた、恐慌が確実であるように確実である」（「評論〔一八五〇年五―一〇月〕」全集⑦４５０ページ）。

＊　**雑誌『新ライン新聞、政治経済評論』**　革命後、ロンドンに亡命したマルクスが、ハンブルクの出版社と協定を結んで、ドイツで刊行した雑誌。掲載論文の大部分は、マルクスとエンゲルスがロンドンで書いてドイツに送った。第一号は１８５０年３月発刊で、１１月刊行の第五・六合

併号で刊行を終えた。引用した文章は最終号掲載のもの。

この文章は、マルクスが初期の「必然的没落」論を定式化した最初の文章ですが、執筆の時期から言っても、経済学的裏付けをもったものではなく、マルクス自身の経験的実感から引きだしたものと見ることができると思います。

テーゼ成立に至る経過を見る

イギリスで最初の恐慌が起こったのは1825年、次の恐慌が1837～38年でした。最初の恐慌はマルクスが七歳のとき、二回目の恐慌はまだベルリンでの大学生活の最中でしたから、社会問題にめざめ共産主義の革命家となったマルクスが最初に経験した恐慌は、1847～48年の恐慌だったと思います。

それから受けた強烈な印象が、『共産党宣言』（1848年）における次の恐慌描写となって現われたのでした。

「近代ブルジョア社会は、自分が魔法で呼びだした地下の魔力をもはや制御することができなくなった魔法使いに似ている。数十年来、工業および商業の歴史は、ブルジョアジーとその支配との生存諸条件である近代的生産諸関係にたいし、近代的所有諸関係にたいして、近代的生産諸力が反逆した歴史にほかならない。それには、周期的に反復してブルジョア社会全体の存立を疑わせるようにますますおびやかしている商業諸恐慌をあげるだけで十分である。……諸恐慌においては、これまでのすべての諸時代には不合理だと思われたであろう一つの社会的な伝染病――過剰生産という伝染病が突発する。社会は、突然、一時的な未開状態にあともどりさせられたことに気がつく。飢饉が、全般的な荒廃戦争が、社会からすべての生活手段を奪い取ったように見える。工業、商業が破壊されたように見える。それはなぜか？　社会があまりにも多くの文明、あまりにも多くの生活手段、あまりにも多くの工業、あまりにも多くの商業をもっているからである。社会が自由にできる生産諸力は、ブルジョア的文明およびブルジョア的所有諸関係を促進するにはもはや役立たない。逆に、生産諸力はこれらのブルジョア的諸関係にとっては巨大になりすぎており、これらの関係によって阻止され、そして生産諸力は、この阻止を乗り越えるやいなや、ブルジョア社会全体を無秩序におとしいれ、ブルジョア的所有の存立をあやうくする。ブルジョア的諸関係は、それらによってつくりだされた富を入れるためには、せまくなりすぎたのである」（古典選書『共産党宣言／共産主義の諸原理』５８〜５９ページ）。

恐慌が引き起こした破壊作用を見事に描き出した文章ですが、この文章を印刷にまわした直後の１８４８年2月、パリに革命が勃発し、その革命の波がまたたく間に、ドイツをはじめヨーロッパ大陸の多くの国ぐににひろがりました。

マルクス、エンゲルスはただちにドイツに帰り、「新ライン新聞」を拠点にドイツ革命の先頭に立ちますが、そのなかでも彼らの目が絶えず向けられたのは、もっとも発達した労働者階級とその運動をもち、資本主義社会の矛盾が最も深刻であり、ほかならぬ恐慌の震源地であるイギリスで、いつ革命の火の手が上がるか、という問題でした。

とくにドイツやフランスの情勢が困難な局面に陥った１８４９年1月、「新ライン新聞」元旦号の論説「革命運動」にマルクスが書き込んだ次の文章は、その待望感を最も強烈な言葉で表現したものだったのでしょう。

「ヨーロッパ大陸のいずれの国の国民経済諸関係の変革も、全ヨーロッパ大陸上の変革も、イギリスをふくまぬかぎり、それはコップのなかの嵐である」（全集⑥１４５ページ）。

その年の秋、ドイツ革命が敗北に終わり、自身がロンドンに亡命したのちにも、マルクスは、革命の再起の希望を捨てませんでしたが、その最大の根拠はイギリス経済の好転が一時的に終わり、新しい恐慌が勃発する可能性があるという期待にありました。

「［イギリスにおける――不破］この恐慌は、それが大陸における大衝突と時を同じくするにちがいないために、在来のすべての恐慌とはまったくちがった実を結ぶであろう」（「評論〔一八五〇年一―二月〕」、『新ライン新聞、政治経済評論』第二号、全集⑦２２６ページ）。

「いまおそいかかっている商業恐慌の影響は、以前のどの恐慌よりも重大であるだろう。……イギリスははじめて、工業恐慌と農業恐慌を同時に体験している。イギリスのこの二重の恐慌は、大陸で同時に迫っている動乱によって促進され、ひろげられ、引火しやすくなっており、大陸の諸革命は、イギリスの恐慌の世界市場へのはね返りのために、比較にならないくらいにいっそうきわだった社会主義的性格をとることであろう」（「評論〔一八五〇年三―四月〕」、同前第四号、同前３０１ページ）。

しかし、この意気込んだ期待は裏切られ、次の号では、イギリスの恐慌の危険の消失、全般的な好況の到来を発表せざるを得なくなったのでした。

そしてその時、今後の情勢評価の基準として定式化したのが、さきに見た、「新しい革命は新しい恐慌につづいてのみ起こりうる。しかし革命はまた、恐慌が確実であるように確実である」という「恐慌＝革命」説だったのです。この定式の背景には、『共産党宣言』の結論的命題とともに、そのことの実証と見えた１８４８～４９年革命の経験があったのでした。

利潤率低下の法則にかんするマルクスの歴史的発見

マルクスは、亡命の地ロンドンに、大英博物館という絶好の根拠地をえて、早くから開始していた経済学研究にいっそう精力的に取り組みました。

そしてそのなかで、「恐慌＝革命」説の経済学的根拠となると思われる重大な発見をおこなったのです。それは、利潤率低下の法則の秘密を発見したことでした。

資本主義経済の発展とともに利潤率が低下するという現象そのものは、すでにA・スミスやリカードゥが発見していたものの、その原因の本格的な解明はできなかった問題でした。とくにリカードゥは、もっとも系統的にこの問題に取り組んだ先達で、農産物の価格が漸次的に騰貴し、それが労働者の賃金の増加と資本家の利潤の減少という傾向を必然的に生み出すという点に、一応の答えを求めました。この答えは見当違いのものでしたが、ともかく利潤率の低下は避けることのできない必然的な現実だという傾向は、否定しがたい現実として認めざるを得なかったのでした。そして、序篇（本書27～28ページ）で紹介したように、この法則が進行すれば、資本家（農業者や製造業者）にとって、「蓄積の動機」が「まったく消滅する」こと、言い換えれば資本主義的生産が存立しえなくなる時が来るということまで、展望せざるを得なかったのです（前掲『経済学および課税の原理』）。

古典派経済学の代表者たちをなやましたこの世紀の難問に、マルクスは、剰余価値学説を武器に取り組んで、みごとな解答をあたえました。

（1）剰余価値学説によれば、資本は、労働力の購入に充てて生産過程中にその価値を増大させる「可変資本」部分（その増大部分が「剰余価値」ですが、ここでは「利潤率」が問題ですから、以下、「利潤」として説明させてください）と、生産手段の購入に充てて生産過程中にその一定部分を生産物に移転させる「不変資本」に分かれます。

（2）生産力の発展は、生産手段の高度化、大規模化を必ず伴いますから、「不変資本」と「可変資本」の関係では、「不変資本」部分が不可避的に大きくなります。

（3）利潤率とは、総資本（＝可変資本＋不変資本）に対する利潤の割合で計られますから、分子である利潤が搾取強化である程度大きくなったとしても、生産力の発展とともに分母である総資本がそれをこえる割合で大きくなれば、利潤率が低下することは、当然の結果となってきます。

これは、長年、多くの経済学者をなやましてきた難問を見事に解決したもので、マルクスの科学的な経済学説の歴史的な勝利でした。A・スミスにせよ、リカードウにせよ、古典派経済学のもっともすぐれた代表者たちが、この難問の前にとまどったのは、彼らが剰余価値のしくみを知らず、そのために資本の分析に当たっても、資本を不変資本と可変資本に区分するといういちばん基本的なすべを知らなかったところに、根拠があったのでした。

利潤率の低下法則を「恐慌＝革命」説に結びつける

マルクスは、こうして、利潤率低下の法則の秘密を突き止めた時、そこに、「恐慌＝革命」説を経済学的に裏づける根拠があることを直感したのだと思います。リカードウがこの法則に直面して、そこに資本主義的生産の存立の危機をよみとっていたことは、マルクスのこの直感に対する有力な傍証となりました。だいぶ後のことになりますが、1864年に利潤率低下の法則と恐慌および資本主義の危機との理論的連関を見いだそうとする最後の努力を傾けた時にも（『資本論』第三部第三篇）、マルクスがその傍証としてくりかえし強く指摘したのは、リカードウが、この法則のうちに資本主義の没落の危機を見ていた、という事実でした。

「利潤率は資本主義的生産における推進力であり、そして利潤をともなって生産されうるものだけが、また、そういうものでありうるかぎりでのみ、生産される。それだからこそ、イギリスの経済学者たちは利潤率の減少を懸念するのである。その〔利潤率減少の〕単なる可能性だけでもリカードウに不安を感じさせるということは、まさに資本主義的生産の諸条件にたいする彼の深い理解を示すものである。……社会的労働の生産諸力の発展は、資本の歴史的任務であり、まさにそれによって、資本は無意識のうちにより高度な生産形態の物質的諸条件をつくり出す。リカードウに不安を感じさせるのは、資本主義的生産の刺激であり蓄積の条件および推進者である利潤率が、生産そのものの発展によっておびやかされる、ということである。そして、ここでは量的関係がすべてである。実は、なにかもっと深いものが根底にあるのであるが、彼はそれを予感するだけである。ここでは、資本主義的生産の制限、その相対性、すなわち、それが絶対的な生産様式ではなく、物質的生産諸条件の一定の制限された発展期に照応する一つの歴史的な生産様式でしかないということが、純粋に経済学的な仕方で、すなわちブルジョア的立場から、資本家的理解の諸限界内で、資本主義的生産そのものの立場から、示されている」（『資本論』⑨４４１〜４４２ページ、ヴェルケ版Ⅲ２６９〜２７０ページ）。

マルクスが、１８５０年以来の「恐慌＝革命」説を、利潤率低下の法則と結びつける構想に到達したのがいつか、『五七～五八年草稿』をその起点と位置づけることができるのか、いま私たちが手にしうる資料の中には、このことの判定に結びつくものはないようです。しかし、剰余価値論の発見、不変資本と可変資本の区分の確立につづく利潤率低下の法則の科学的証明での成功が、「恐慌＝革命」説の経済学的根拠を解明したものと受け取られたこと、これらの理論的進展が、第一篇（本書７５～７９ページ）で述べたように、一八五七年、経済学の著作の草稿執筆に踏み切る大きな前提の一つとなったことは、ほぼまちがいないことだと思います。

ただ、利潤率の低下の法則を「恐慌＝革命」説と結びつけること、両者の関連を理論的に証明することは、マルクスの最初の想定とは違って、容易な問題ではありませんでした。

二　『五七～五八年草稿』の場合

マルクス、「資本の文明化作用」を強調する

少し先へ進みすぎましたが、『五七～五八年草稿』における「肯定的理解」と「必然的没落の理解」という、本来の主題にもどりましょう。

利潤率の低下の法則に、資本主義的生産の必然的没落の根拠を求めた当時のマルクスの立場から見ると、「肯定的理解」と「必然的没落」の相関関係は、複雑な問題ではなく、むしろ直結と言ってもよい関係にありました。

資本主義が生産力の発展という道を進めば進むほど、その崩壊の日が近づく。こういう見方ですから、いろいろな表現の仕方はしますが、そこを貫く論理はたいへん単純なのです。

「資本の流通」の章に入ってすぐ、マルクスは、資本主義が、剰余価値の生産の新たな拡大をたえず追求しながら、人間社会の経済活動の拡大を未曽有の規模で追求する経済体制だというこ

とを、あらゆる角度から解明し、それを「資本の偉大な文明化作用」（『資本論草稿集』②18ページ）と呼びました。

「資本にもとづく生産は、一方では普遍的な産業活動――すなわち剰余労働、価値を創造する労働――をつくりだすとともに、他方では、自然および人間の諸属性の全般的な開発利用の一体系《システム》、全般的な有用性の一体系《システム》をつくりだすのである。……このようにして、資本がはじめて、市民社会〔ブルジョア的社会〕を、そして社会の成員による自然および社会的関連それ自体の普遍的取得を、つくりだすのである。ここから資本の偉大な文明化作用*が生じ、資本による一つの社会段階の生産が生じるのであって、この社会段階に比べれば、それ以前のすべての段階は、人類の局地的諸発展として、自然崇拝として現われるにすぎない。自然ははじめて、純粋に、人間にとっての対象となり、純粋に、有用性をもつ物象となり、独自の威力と認められることをやめる。……資本は、このような自己の傾向に従って、自然の神化を乗り越えて突き進むのと同様に、もろもろの民族的な制限および偏見を乗り越え、既存の諸欲求の、一定の限界内に自足的に閉じこめられていた、伝来の充足と、古い生活様式の再生産とを乗り越えて突き進む。資本は、これらいっさいにたいして破壊的であり、たえず革命をもたらすものであり、生産諸力の発展、諸欲求の拡大、生産の多様性、自然諸力と精神諸力の開発利用ならびに交換を妨げるような、いっさいの制限を取り払っていくものである」（同前17～18ページ）。

＊「資本の文明化」作用　この言葉は、その七年後に書いた『資本論』第三部第七篇にも登場し

ます。

「資本がこの剰余労働を、奴隷制・農奴制などの以前の諸形態のもとでよりも、生産諸力の発展にとって、社会的諸関係の発展にとって、またより高度の新たな社会形態のための諸要素の創造にとって、いっそう有利な様式と諸条件とのもとで強制するということは、資本の文明化的側面の一つである」（『資本論』⑬１４３３～１４３４ページ、ヴェルケ版Ⅲ８２７）。

マルクスは、それに続けて、普遍的発展をめざす資本のこの傾向が、まさに資本の没落への必然性を生みだすのだと、次のように指摘します。

「だが、資本がそのような限界のすべてを制限として措定し、したがってまた観念的にはそれらを超えているからといって、資本がそれらを現実的に克服したということにはけっしてならない。そして、そのような制限はいずれも資本の規定に矛盾するので、資本の生産は、たえず克服されながら、また同様にたえず措定される諸矛盾のなかで運動する。そればかりではない。資本がやむことなく指向する普遍性は、もろもろの制限を資本自身の本性に見いだすのである。これらの制限は、資本の発展のある一定の段階で、資本そのものがこの傾向の最大の制限であることを見抜かせるであろうし、したがってまた資本そのものによる資本の止揚へと突き進ませるであろう」（『資本論草稿集』②１８～１９ページ）。

マルクスは、ここでは種明かしをせず、示唆にとどめていますが、「資本そのものによる資本の止揚」とは、私たちがすでに見た、利潤率低下の法則がもたらす資本主義的生産の不可避的な危機をさしていたのです。

同じような、資本の無制限の発展が没落の必然性を生みだすという指摘は、これ以後も、この草稿の各所に、表現を変えて現われます。

労働者階級の役割への言及がない

『五七～五八年草稿』におけるこうした「必然的没落」論の一つの大きな問題は、変革の主体となるべき労働者階級への言及がほとんどないことでした。

「資本」と「賃労働」を、それぞれ別個の篇立てとした編集プランにも、たしかにそうなった理由の一つがありましたが、最大の問題は、社会変革の必然性の根拠を恐慌の必然性に求める「恐慌＝革命」説に立ち、その恐慌の必然性の根拠を利潤率の低下という経済法則に求めるという、当時のマルクスの革命論の論立てにありました。

実際、『五七～五八年草稿』では、社会変革にたいする労働者階級の意識を問題にした文章は、全巻を探しても、次の一文以外には、見つかりません。

「労働能力*が生産物を自己自身のものだと見抜くこと、そして自己の実現の諸条件からの分離を不埒な強制された分離だと判断すること、――これは並外れた意識であり、それ自身が資本にもとづく生産様式の産物である。そしてそれがこの生産様式の滅亡への前兆であるのは、ちょうど奴隷が、自分はだれか第三者の所有物であるはずがないのだ、という意識をもち、自分が人であるという意識をもつようになると、奴隷制はもはや、かろうじてその人為的な定在を維持することしかできず、生産の土台として存続することができなくなってしまったのと同じである」（同前103〜104ページ）。

＊　**労働能力**　『資本論』でいう「労働力」のこと。『五七〜五八年草稿』では、こういう語を使っていました。

「必然的没落の理解」は無証明のままに終わった

では、「必然的没落の理解」はどうなったのか。マルクスが、利潤率低下の法則の問題を、市場競争抜きの一般的利潤率成立という無理な設定のもとに、「第三の項目」の中心に据えたのは、この法則が資本主義生産の「必然的没落」の決定的証明の切り札となることを確信してのことでした。

しかし、実際に取り組んでみると、これは予想をはるかに超えた困難な課題でした。

『五七〜五八年草稿』の結論部分である「第三の項目　果実をもたらすものとしての資本。利子。利潤。（生産費用、等々）」に入ってすぐ、マルクスは、利潤率の低下が資本主義的生産の避けることのできない法則であることを、おごそかに宣言します。

「利潤の形態にある剰余価値は、生産過程に前提された資本の総価値で測られるのである。だから、利潤の率は、……生きた労働と交換される資本部分の、原料および生産手段の形態で存在する資本部分にたいする割合に左右される。したがって、生きた労働と交換される部分が少なくなればなるほど、利潤の率はそれだけ小さくなる。……たとえば、製造工業をとってみよう。ここでは、固定資本つまり機械装置等々が増大するのに比例して、原料のかたちで存在する資本部分は増大しなければならないのに、生きた労働と交換される部分は減少する。だから、生産に前提された資本の――また生産のなかで資本として働いている資本部分の――価値の大きさに比例して、利潤の率は低下するのである」（同前555ページ）。

この証明に間違いはありませんが、そのことがどうして資本主義的生産の危機を生むのか。マルクスはその説明を抜きに、この法則の重大性を、まず力説します。

「これは、あらゆる点で、近代の経済学の最も重要な法則であり、そしてもっとも困難な諸関係を理解するための最も本質的な法則である。それは、歴史的見地から見て、最も重要な法則である。それは、その単純さにもかかわらず、これまでけっして理解されたことがなく、まして意識的に言い表わされたこともない法則である」（同前557ページ）。

続く部分で、マルクスは、この法則が、資本主義の危機の最も高度な表現であることを、さまざまな角度から強調し指摘しますが、かんじんの、予想される危機的現象と利潤率の低下との関連を説明する言葉はどこにもありません。

具体的な関連として最後にあげられた説明は、第一篇（本書75〜80ページ）ですでに見たように、資本は剰余労働の減少を剰余労働の量のいっそうの拡大によって抑制しようとするから、「生産力の最高の発展」は、「資本の減価、労働者の退廃、そして彼の生命力の最もあからさまな消尽」をもたらすだろうとの予告だけです。ここでは、マルクスが描き出した資本主義的生産の没落へのシナリオの全文を紹介しておきましょう。

「利潤のこの減少は、直接的労働が再生産し新たに生みだす対象化された労働の量にたいする直接的労働の割合の減少と同意であるので、資本は、次のことのためにあらゆることを試みるであろう。すなわち、資本量一般にたいして生きた労働の割合が小さいのを、だからまた、前提された資本にたいして、利潤として表現されたときの剰余価値の割合が小さいのを、充用される労働全体について、必要労働にたいする分け前を減らして剰余労働の量をさらにいっそう拡大することによって抑制する、ということである。それゆえ生産力の最高の発展は、現存する富の最大の拡大と相まって、資本の減価、労働者の退廃、そして彼の生命力の最もあからさまな消尽と同時に生じるであろう。これらの矛盾はもろもろの爆発、激変、恐慌をもたらすが、そのさい資本は、労働の一時的な停止や資本の大きな部分の破壊によって、自害することなくその生産力を引き続き十分に充用できるような点にまで、強力的に引き戻される。それにもかかわらず、規則的に生じるこれらの破局は、さらに高い規模でのそれらの反復に、そして最後には、資本の強力的な転覆にいたることになる」（同前559ページ）。

この分析の核心は、最後の結論部分、すなわち、利潤率低下の法則が、〈恐慌の反復〉を生み、最後に〈資本の強力的転覆〉を必然化するという認識にありました。しかし、そのことの経済学的証明は、そこではおこなわれていません。

マルクスはこの認識に確信を持っていたものの、『五七～五八年草稿』では、そのことの証明には成功しなかったのです。

それ以後の七年間、資本主義的生産の終末についてのマルクスの研究は、もっぱら、この利潤率低下の法則と恐慌との関連の追究にしぼられてゆきます。資本主義的生産の「必然的没落の理解」が成立するかどうかの成否が、いわばこの関連の証明のいかんにかかってくることになったのです。

三　『六一〜六三年草稿』の場合（1861年段階）

利潤率低下と恐慌。最初の探究

マルクスが、『六一〜六三年草稿』で、この問題を取り上げたのは、1861年末、「γ 機械」のところで、草稿執筆を中断したのち、「諸学説」への取り組みに移る前に書いた「第三章　資本と利潤」の草稿のなかででした（1861年12月〜62年1月の執筆と推定）。

ここで、マルクスが利潤率の低下と恐慌の関連を説明する原因としてあげたのは、利潤率の低下が大量の「小資本」の冒険的な行動をひき起こすという仮説でした。

「理論と並んで実際に現われるのは、資本の過剰から生ずる恐慌であり、または同じことになるが、利潤率低下の結果として資本が踏み込む無謀な冒険である。このことから、恐慌が、――フラートン*を見よ――資本の過多《プレトラ》を救済して健全な利潤率を回復するために必要な暴力的手段として認められている恐慌が、起こるのである」（『資本論草稿集』⑧145ページ）。

＊　フラートン、ジョン（１７８０～１８４９）　イギリスの経済学者。代表作は『通貨調節論』（１８４４年）。

「こうした利潤率の低下につれて、労働を生産的に充用するために一般に必要とされる資本の最小限……は増大する。……それと同時に蓄積も、すなわち集積も増大する。……この増大する集積は、それ自身また、ある一定の高さに達すれば、再び利潤率の新たな低下をひき起こす。そのために、より小さな分散した諸資本の大群はわれ先に冒険〔の道へ駆り立てられる〕。このために恐慌〔へと追いこまれる〕。いわゆる資本の過多は、いつでもただ、利潤率の低下が利潤の量によって償われない資本の過多にだけ関連している。（フラートンを見よ。）」（同前１５８ページ）。

経済全体に動乱をもたらす恐慌を、小資本の冒険によって説明しようとするのは、かなり無理筋の説で、まだマルクスに満足を与えるものではありませんでした。

この草稿で、それ以上に注目されるのは、この解説に先立つ部分で、マルクスが、事態の重大さを示す例証として、リカードウらブルジョア経済学派の「悲痛な叫び声」を繰り返し指摘していることでしょう。

「このような一般的利潤率の低下傾向は何が原因で生じるのか？　この問題に答える前に、われわれは、この低下傾向がこれまでブルジョア経済学の大きな不安の種になってきたことを指摘しておくことができる。リカードウ学派やマルサス学派の全体は、この過程がひき起こすにちがいないであろう最後の審判の日のために悲痛な叫び声をあげている。というのは、資本主義的生産は利潤の生産なのだから、この利潤が減少するにつれてその生産の刺激やその生産の生き生きとした魂を喪失することになるからである」（同前145ページ）。

「このような〔利潤率低下の〕単なる可能性だけでもリカードウに不安を感じさせる（マルサスやリカードウ学派も同様である）ということは、まさに資本主義的生産の諸条件にたいする彼の深い理解を示すものである。リカードウが非難される点、すなわち、彼が『人間』を顧慮しないで資本主義的生産の考察ではただ生産力の発展だけを――それがどんな犠牲を払ってあがなわれようとも――分配やそれゆえまた消費をも顧慮することなしに――眼中におくということ、まさにこれこそは彼における偉大な点なのである。社会的労働の生産力の発展は、資本の歴史的な任務であり、弁明理由である。まさにそれによって資本は無意識のうちにより高度な生産様式の物質的諸条件をつくりだすのである。ここでリカードウの気に入らないのは、利潤が――資本主義的生産の刺激であり蓄積の条件でもあれば蓄積衝動でもある利潤が――生産そのものの発展法則によって脅かされるということである。そして、ここでは量的関係がすべてである。

実はここにはもっと深いものが根底にあるのであるが、彼はそれをただ予感するだけである。ここでは、資本主義的生産の制限――その相対性、すなわち、それがけっして絶対的な生産様式ではなく、ただ物質的生産条件のある特定の局限された発展段階に対応する一つの歴史的な生産様式でしかないということが、純粋に経済学的な仕方で、資本主義的生産そのものの立場から、示されているのである」（同前161ページ）。

これらの引用は、利潤率の低下という現象によって資本主義の没落の必然性を証明しようとするマルクスの探究の背景に、リカードウらのこうした危機感があったことを、マルクス自身の言葉で強く示すものでした。危機感のこうした継承は、その三年後、この篇の「一」の最後の部分（本書188～189ページ）で紹介した『資本論』第三部における利潤率低下の法則をめぐる考察（1864年執筆）にあたっても、ほとんど同じ内容でひきつがれたのです。

四　『六一～六三年草稿』の場合（1863年段階）

労働者階級の位置づけに大きな変化があった

「肯定的理解」と「必然的没落の理解」との関連で、『六一～六三年草稿』での重要な発展の一つは、この草稿の執筆中に、労働者階級の位置づけに大きな変化が起きたことです。それは、機械制工業の技術学のほぼ一年にわたる研究を終えて、1863年1月、「諸学説」から草稿本文の執筆にもどった時に始まりました。

その変化を見るために、一年前に執筆した相対的剰余価値の「a　協業」、「b　分業」の節――すでに第一篇第四章（本書93～100ページ）で見てきた諸節ですが――をあらためて読み直してみたいと思います。

そこでは、それぞれの段階での労働の性格の変化に注目をしているものの、どちらの節でも、労働の結合をはじめ、労働過程の進歩は、すべて資本に属するもので、労働者の側の進歩ではない、ということが強調されていました。

協業。「彼ら自身の協業は、彼ら自身がとり結ぶ関係ではなく、……いまや彼らがそこに属する関連、それ自身が彼らにたいする資本の関係として現われる関連である。それは、彼ら相互の結合ではなくて、彼らを支配する統一であり、その担い手かつ指導者は、ほかならぬ資本そのものである」（『資本論草稿集』④417ページ）。

分業（マニュファクチュア）。「労働者自身にとっては、もろもろの活動の結合は生じない。それどころか、この結合は、それぞれの労働者ないしそれぞれある数の労働者たちを集団的に包摂している一面的な諸機能の結合である。……労働者たちは、この結合の建築素材をなしている。……この結合された労働の社会的形態は、労働者に対立する資本の定在なのである」（同前445、447ページ)。

こうした労働者像は、一年間の猛勉強で機械の技術学を身に付けた後に執筆した『六一～六三年草稿』の最後の諸章では、根本的に変化します。

そこでは、機械制工業の技術学的知識の習得に打ち込んだ一年間の努力の成果が、全面的に発揮されました。機械の役割が圧倒的に大きいように見える機械制工場の観察のなかから、マルクスは、工場を動かす結合した労働者集団の形成と成長を見いだし、そこに、社会変革ののちに機械制工業の主役となる労働者集団の発展を展望したのです。まだマルクスは、著作のプランとしては、「資本一般」の枠にとどまっていましたが、そこには、著作自身の新たな発展の芽が大きく育っていたのでした。

最初の部分は、機械と機械制工業の発展の足取りの追跡に充てられていますが、それもただの歴史記述ではなく、一年間の研究の成果を示す重要な命題があちこちに散見されます。機械論の「主命題は、資本家が得る剰余価値が機械によってとって替わられる労働からではなく、機械を基礎にして充用される労働から生じるのだ、ということである」(『資本論草稿集』⑨23ページ)というマルクスの言明を、機械の前では労働の役割はゼロにも等しくなるとした『五七～五八年草稿』の見地とくらべてみれば、マルクスの認識の質的な深まりがわかります。

ここでは、マルクスがかちとった理論的前進のいくつかを、記述の順序にこだわらず、重点的に紹介することにします。

「独自の資本主義的生産様式」が機械制段階の代名詞に

第一にあげたいのは、マルクスが、機械制大工業に発展した段階を、資本主義的生産の本来的な発展段階と位置づけ、この段階を「独自の資本主義的生産様式」と呼ぶことを提唱しはじめたことです。

もともとは、「独自の資本主義的生産様式」という言葉は、資本主義が旧来の生産方式、労働様式をそのまま傘下において、そこから剰余価値を吸い上げる段階（マルクスはこれを資本による生産の「形態的包摂」と呼びました）にたいして、独自の生産方式、労働様式を生みだし、そのもとで労働者を搾取する段階（「実質的包摂」）を指す言葉として、使われはじめた言葉でした。*

＊ **独自の資本主義的生産様式**　この言葉の初出は、『六一～六三年草稿』で「相対的剰余価値」を論じた次の文章でした。

「これ［協業］は、資本のもとへの労働の包摂がもはや単なる形態的包摂として現われるのではなく、それが生産方式そのものを変化させることによって資本主義的生産様式が独自な生産様式となっている第一の段階である」（『資本論草稿集』④418ページ）。

原文では、「生産様式」と「生産方式」の区別をせず、同じ言葉を当てていますが、意味を鮮明にするために、ここでは訳語を区別しました。

ところが、マルクスは、『六一～六三年草稿』のなかで、機械制工業の段階でこそ、資本主義的生産様式が「はじめて、一つの独自な種類の生産様式として現われる」、と主張するのです。

「資本のもとへの労働の実質的包摂のもとで、すでに述べた、技術学的な過程である労働過程における変化のすべてが始まり、これらと同時に、労働者の自分自身の生産にたいする、また資本にたいする関係におけるすべての変化が始まる。――社会的労働の生産諸力が発展することによって、そしてこの生産諸力とともに、はじめて同時に、自然諸力の大規模な充用、直接的生産への科学と機械装置との適用が可能となることによって、ついに、労働の生産力における発展が始まるのである。……資本主義的生産様式は――いまはじめて、**一つの独自な種類の生産様式**として現われるのであって――、一面ではそれが物質的生産の変化した姿態を創りだす」（『資本論草稿集』⑨386ページ、太字は不破）。

これは、用語上の一種の矛盾ですが、実は、『資本論』にもこれと同じ矛盾があります。「第五篇　絶対的および相対的剰余価値の生産」では、次のような定義が示されています。

「相対的剰余価値の生産は、一つの独自の資本主義的生産様式を想定するのであって、この生産様式は、その方法、手段、および条件そのものとともに、最初は、資本のもとへの労働の形態的包摂を基礎として、自然発生的に成立し、発展させられる。形式的包摂に代わって、資本のもとへの労働の実質的包摂が現われる」（『資本論』③874ページ、ヴェルケ版Ⅰ533ページ）。

しかし、その『資本論』第一部で、「独自の資本主義的生産様式」という言葉が全面的に活用されるのは、第七篇「第二三章　資本主義的蓄積の一般的法則」の章においてで、そこで問題になるのは、機械制工業の段階に到達した資本主義的生産の運動だけでした。

こういう事情ですから、マルクスは、定義は定義として、実際問題としては、「独自の資本主義的生産様式」の言葉を、多くの場合に、機械制大工業の代名詞として使っていたことを、頭において、今後の話を進めてゆきたいと思います。

機械制工業における新しい労働者像――「全体労働者」

第二は、機械工場で働く人々を表わす新しい労働者像が提起されたことです。

マニュファクチュアの段階では、労働用具をもって生産労働に直接たずさわる人たちだけが、価値を生みだす生産労働の参加者であり、労働者とは、この人たちを表わす言葉でした。

ところが、機械工場になると、直接機械の運転やその操作にたずさわる人たちだけで、生産物が生みだされるわけではありません。機械を動かす原動機を動かす人たち、原燃料や部品、半製品や完成品をしかるべき場所に移動させる人たち、作業全体の指揮・監督に当たる人たち、などなど、工場で働くすべての人たちの共同作業が総合して、生産物を生み出すのであり、そうした労働が生みだす価値の総体が、原燃料の価値にくわわって、生産物の価値を構成するのです。

マルクスは、この新しい労働者観を、『六一～六三年草稿』の再開した本論のなかで、初めて明らかにしました。「k　資本の生産性、生産的および不生産的労働」と題した節です。

「多数の労働者が同じ商品の生産において一緒に労働する独自の資本主義的生産様式の発展につれて、彼らの労働が直接に生産の対象にたいしてもつ関係は、当然、きわめて異ならざるをえない。たとえば、先に述べた工場内の手伝い人たちは、原料の加工とは直接になんの関係ももたない。この加工に直接に携わっている労働者たちの監督者を務める労働者たちは、さらにもう一歩離れている。技師はまた別の関係にあり、主として自分の頭で労働するだけである、等々。しかし、価値の異なった労働能力をもつ――被雇用集団としてはほぼ同じ高さを維持しているとはいえ――これらの労働者の全体は――たんなる労働過程だけの結果を見れば――、商品または物質的生産物となって現われるところの結果を生産するのであり、すべての労働者をひっくるめて、一作業場として、これらの生産物の生きた生産機械なのである。それは、ちょうど、総生産過程を見れば、彼らが、自分たちの労働を資本と交換し、資本家の貨幣を資本として、すなわち、自己増殖する価値として、自己増大する価値として、再生産するのと同様である。さまざまな労働を、したがってまた頭脳労働と手労働――または、そのどちらかがまさっている諸労働――を分離して、さまざまな人々にそれを配分することこそ、まさに資本主義的生産様式の独自性である。けれども、そのことは、物質的生産がこれらの人々の共同生産物であること、または物質的富に対象化された彼らの共同生産物であることを、妨げるものではない。他方、そのことは、また同じように、これらの人々の各個の関係が資本にたいする賃労働者の関係であり、まさしくこの意味において生産的労働者の関係であることを妨げるものでもなく、またそれを変えたりするものでもけっしてない。これらすべての人々は、直接に物質的富の生産に従事するだけではなく、彼らは、その労働を直接に、資本としての貨幣と交換し、それゆえ彼らの賃金のほかに資本家のための剰余価値をも直接に再生産するのである。彼らの労働は、支払労働・プラス・不払剰余労働からなっている」(『資本論草稿集』⑨443〜444ページ)。

『六一〜六三年草稿』以後の話になりますが、マルクスはこの草稿の執筆を終えた後、あまり時間がたたないうち、1863年8月から『資本論』第一部の初稿執筆*にとりかかりました。そのなかで、いま見た考え方をさらに発展させて、そういう見地でとらえた労働者の総体を「全体労働者」と命名したのです。

「資本のもとへの労働の実質的包摂または独自の資本主義的生産様式の発展につれて、個々の労働者がではなく、社会的に結合された労働能力が、ますます総労働過程の現実の機能者となり、そして、競争しながら総生産機構を形成するいろいろな労働能力が、商品形成の、またはここではむしろ生産物形成の、直接的過程に非常にさまざまな仕方で参加し、一方の者はより多く手で労働し、他方の者はより多く頭で労働し、一方の者は管理者や技師や技術学者などとして、他方の者は監督として、第三の者は直接的筋肉労働者として、または単に手伝い人としてさえ、労働するようになるので、ますます、労働能力の諸機能は生産的労働の直接的概念のもとに、そして諸機能の担い手は生産的労働者の概念のもとに、すなわち直接に資本によって搾取され資本の価値増殖過程および生産過程一般に従属させられる労働者の概念のもとに、組み入れられるようになる。工場を形成する全体労働者を見れば、その結合された活動は、物質的には、直接に一つの総生産物に、すなわち同時に一つの商品総量でもある総生産物に、実現されるのであって、その場合、この**全体労働者**の一器官でしかない個々の労働者の機能が、直接的筋肉労働により遠いものであるか、より近いものであるかということは、まったくどうでもよいのである」（国民文庫『直接的労働過程の諸結果』[*] 111～112ページ、太字は不破）。

＊**『資本論』第一部初稿の構成**　ここに引用した文章は、『資本論』第一部初稿の第六章「直接的生産過程の諸結果」からのものです。第一部初稿は、1863年8月～64年夏に執筆されたもので、題名は『資本論』に変わったものの、「資本一般」の第一部という性格に変更はなく、次のような構成をもっていたと考えられます。一、貨幣の資本への転化。二、絶対的剰余価値。三、相対的剰余価値。四、絶対的剰余価値と相対的剰余価値の結合。五、剰余価値の資本への再転化。六、直接的生産過程の諸結果（初稿の構成について、以前、『「資本論」はどのようにして形成されたか』〈2012年〉のなかで誤った推定をおこないました［同書198ページ］ので、

ここでの紹介をその訂正とするものです)。

そのうち、草稿として残っているものは、第六章だけです。第一章から第五章までの草稿は、1866~67年の完成稿の執筆が、その該当部分については、初稿への加筆修正という方法でおこなわれたために残らなかったものと推測されます。

マルクスは『資本論』の完成稿では、「全体労働者」の概念の意義をさらに広げて、機械工業段階だけでなく、協業段階を含めて、資本主義的生産様式の全段階に通用する概念として活用するようになりました(定義は、『資本論』③872ページ、ヴェルケ版I531ページ)。初出は「協業」の章(同前569、570ページ、ヴェルケ版I346ページ)。

未来社会の担い手という主体的条件の発展

第三は、機械制工業のもとでの労働者のこうした共同が、来るべき社会において発達した生産力の主体的な担い手として成長発展させるものであり、この面からも未来社会形成の条件を準備する客観的な意義をもつという、新しい認識です。『五七~五八年草稿』では、機械制工業では、固定資本の力の前で労働者の地位が限りなく小さくなると見たマルクスでしたが、機械問題の技術学を自分のものにしたことによって、社会変革の展望にも未来社会論にもつながる画期的な認識に到達したのです。

「資本のもとへの労働の実質的包摂とともに、生産様式そのもののなかで、労働の生産性のなかで、そして資本家と労働者とのあいだの――生産の内部における――関係のなかで、ならびに両者の相互間の社会的関係のなかで、一つの完全な革命が起こる」（「ｉ〔資本のもとへの労働の形態的包摂と実質的包摂。過渡諸形態〕」『資本論草稿集』⑨３８８ページ）。

マルクスがいう「革命」とは、生産過程のなかで、労働者の集団が大規模生産の担い手となるという「労働の社会的形態」が発展することです。

「資本主義的生産様式では、もちろんこのことは、資本家――非労働者――がこの社会的大量の生産手段の所有者である、というかたちで現われるのである。資本家は実際には、労働者たちにたいして、彼らの結合、彼らの社会的統一を代表しているにすぎない。だから、この対立的な形態がなくなれば、その結果生じるのは、労働者たちがこの生産手段を、私的諸個人としてではなく社会的に占有している、ということである」（同前３８９ページ）。

「この労働にたいする資本家の他人所有が止揚されることができるのは、ただ、彼の所有が変革されて、自立的個別性にある個別者ではない者の所有、つまり連合《アソツィイールト》した、社会的な個人の所有としての姿態をとることによってだけである」（同前３９０ページ）。

『五七～五八年草稿』における「固定資本」の節での機械工業論は、ほぼ一年にわたる技術学的研究を通じて、機械制工業の発展そのもののなかに社会変革の主体的条件の基盤を見いだすところにまで、飛躍的な転化をとげたのでした。

以上、三つの中心点を見てきましたが、機械制工業についてのこの時期の探究は、やがて、『資本論』第一部における理論的発展へとつながってゆきます。

こういう新しい境地に立ちながら、「必然的没落」論上の未解決の問題——利潤率低下の問題には、触れることのないまま、1863年7月に『六一～六三年草稿』の筆をおき、草稿執筆は、次の段階に移ることになります。

五　運命的な年——1864年

ヨーロッパ情勢の変化の進行を見る

ここで、マルクスの草稿執筆の過程を追究する仕事からちょっと目を離して、19世紀後半にヨーロッパで進行した社会的変化に目を移したい、と思います。

エンゲルスは、1895年、その生涯を終える直前、1848年の革命直後の時期にマルクスが書いたフランス政治史「フランスにおける階級闘争」を一書にまとめて刊行し、そのために書いた序文のなかで、革命後、すなわち、1848年の革命の敗北後に、ヨーロッパで進行した巨大な変化を概括して、次のように述べました。

「歴史は、大陸における経済発達の水準が、当時まだとうてい資本主義的生産を廃止しうるほどに成熟していなかったことを明白にした。歴史は、これを一八四八年いらい全大陸をまきこんだ経済革命によって証明した。この経済革命によって、フランス、オーストリア、ハンガリー、ポーランド、また最近ではロシアにも、ようやくほんとうの大工業が根をおろし、そしてドイツはまさに第一級の工業国になったのである。――以上のことはすべて資本主義的な基礎のうえで、したがって一八四八年にはまだ大いに伸びる力をもっていた基礎のうえで、起こった。しかし、まさにこの産業革命こそ、いたるところで階級関係をはじめてはっきりさせ、マニュファクチュア時代から、そして東ヨーロッパでは同職組合手工業時代からさえ、ひきつひきついだ多くの中間的存在を除去して、ほんとうのブルジョアジーとほんとうの大工業プロレタリアートを生みだし、彼らを社会発達の前面へ押しだしたのである。ところがこれによって一八四八年には、イギリス以外ではただパリとせいぜい二、三の大工業中心地に起こったにすぎない、この二大階級間の闘争が、ようやく全ヨーロッパにひろがり、一八四八年には考えられもしなかったほどの激しさに達した。当時はそれぞれの万病特効薬を説くあいまいな宗派的福音がたくさんあったが、今日では一般に承認された、透徹明晰な、闘争の究極目的をはっきり定式化しているただ一つのマルクスの理論がある。当時は地域と民族によって区別されていて、共通の苦しみの感情だけで結びついている、未発達な、感激と絶望のあいだを途方にくれてさまよっている大衆がいたが、今日では、やすみなく前進し、日ごとに数と組織と規律と洞察と勝利の確信をたかめつつある、一つの社会主義者の大国際軍がある」（古典選書『エンゲルス多数者革命』250〜251ページ）。

私たちの研究が今いる地点は、1860年代の中葉ですから、エンゲルスがここで描き出したようなヨーロッパ情勢の大きな変化が起こり始めた時期だと位置づけてもよいと思います。

ヨーロッパの労働者運動との接触が始まる

ヨーロッパ情勢の新たな変化は、著作の執筆に熱中しているマルクスの周辺にも、さまざまな形でその姿を現わしていました。

一つは、ドイツにおける労働者党の結成です。ラサール*というドイツの若い活動家を指導者とする労働者組織「全ドイツ労働者協会」が1863年5月、結成されたのです。

＊ **ラサール**、フェルディナント（1825〜64年）　ドイツの弁護士。1848〜49年の革命にライン州で参加。1860年代に労働運動に加わり、1863年、「全ドイツ労働者協会」

の創立者の一人となった。１８６４年8月、恋愛事件にからむ決闘で死亡。

ラサールは、１８４８～４９年の革命時代からマルクスもエンゲルスもよく知っていた人物で、マルクスの『経済学批判』の出版には大いに協力してもらったりしたのですが、その政治的な、また運動上の立場には多くの問題がありました。とくに、封建的反動派とくんでブルジョアジーとたたかうという政治方針に立ち、のちに明らかになりましたが、その路線でビスマルク首相と秘密会談を交わすとか、「公正な分配」を社会主義運動の中心スローガンにするとか、その路線にはさまざまな危険な要素がくみこまれていました。

しかし、革命の敗北後、一四年を経てドイツに労働者党が生まれたことは、ドイツ情勢の一つの大きな変化をしめすものでした。ラサール自身は党結成の翌年の１８６４年8月、恋愛事件での決闘で命を落とします。

マルクスとエンゲルスは、この時、次のような手紙を交わしました。

九月二日　マルクスは、エンゲルスに、ラサールが8月３０日、決闘で瀕死《ひんし》の重傷をおった旨、フライリヒラートから手紙を受け取ったことを伝えます。ラサールは8月３１日、死去。マルクスは、9月3日、エンゲルスにそのことを電報で知らせました。

九月四日　エンゲルスからマルクスへ

「君の電報は、僕が一時にいろいろな仕事に忙殺されていて君の手紙をまだ開封しないうちに、着いた。あの知らせがどんなに僕を驚かせたか、想像できるだろう。たとえラサールが人格的、文筆的、学問的にどんな人物だったにせよ、政治的には確かに彼はドイツにおける最も重要な男のひとりだったのだ。彼はわれわれにとって現在は非常に不確かな友だったたし、将来はかなり確かな敵であるだろうが、いずれにせよ、ドイツが急進的な党派の多少とも有為な人物をことごとくだめにしてしまうのを見ることは、とにかくひどい打撃だ。……それにしても、なんという奇妙な生命の捨て方だろう。……どうして彼のような政治的な人間がワラキア〔ルーマニア南部の地方名＝不破〕のいかさま師などと決闘することができるのだろう！」（『書簡選集・上』228～229ページ）。

九月七日　マルクスからエンゲルスへ

「このところラサールの不運のことが僕の頭にこびりついていた。なんといっても彼はやはり古強者のひとりで、われわれの敵たちの敵だったのだ。おまけに事件はあまりにも意外に起きたので、あの騒々しい、せわしない、出しゃばりな男がいまでは息絶えていて全然口をきくことができない、とはとても信じられないほどだ。彼の死の口実については、君の言うことはまったく正しい。それは、彼の生涯に犯した幾多の無思慮の一つだ」（同前229～230ページ）。

この時のラサール評価は、この時期のものとしては最も好意的なものだったと言えます。その後、ラサールのビスマルクとの会談など、その政治路線の真相が明らかになるとともに、二人のラサール評価はよりきびしいものとなりました。*

＊　**ラサール評価の転換**　1865年1月、ラサールとビスマルクの秘密の連携を知ったのちの、ラサール評価にかかわるエンゲルスの手紙を紹介しておきます。

「勇者ラサールはやっぱり、まったく卑劣なやつとして、だんだんに化けの皮を脱いでいく。……主観的には彼の虚栄心が事態を容認できるものと彼に考えさせたかもしれないが、客観的にはそれは無恥な行為であり、全労働運動をプロイセン人に売り渡すことだったのだ。しかも、この愚かな伊達者は、ビスマルクから、保証はもとより、まったくなんの反対給付も、なんの確定的なこともとりつけないで、ビスマルクを欺けるにちがいない、ということだけをあてにしていたらしい」（エンゲルスからマルクスへ、1865年1月27日　同前248ページ）。

ドイツの運動の中には、やがて、マルクスの若い友人のリープクネヒトら*が中心となる別個の労働者党（社会民主労働者党［アイゼナッハ派］、1869年結成）も生まれ、ドイツの運動との接触や交流が、マルクスの生活と活動のなかで、新しい広がりを見せることになりました。

＊　**リープクネヒト**、ヴィルヘルム（1826～1900）ドイツ労働運動の活動家。マルクス、エンゲルスの友人で戦友。1848～49年のドイツ革命に参加。共産主義者同盟員。国際労働者協会員。社会民主労働党の創立者。

もう一つは、国際労働者組織の結成への動きです。

1864年9月28日、ロンドンで国際労働者会議が開かれました。これは、ポーランドの民族解放運動の支援をめざすイギリスとフランスの労働者運動の交流から開催にいたった会議でしたが、そこで、「国際労働者協会」(インタナショナル)の結成が決定され、この国際組織とともに、世界の労働者運動は新しい発展段階を迎えることになりました。

マルクスはそこにドイツの運動の代表として招待され、暫定委員に選出されます。そして一連のいきさつを経て、新しい国際組織の「創立宣言」と「暫定規約」を執筆することになりました。

マルクスは、「宣言」と「規約」の作業が終わり、それが正式に承認された(11月1日)のちに、エンゲルスに手紙(11月4日付)を送り、その経過を詳しく報告しました。

そのなかで、マルクスは、「集会は、息詰まるほど満員だった……(なぜなら、現在明らかに、労働者階級の復活が起こっているからだ)」(古典選書『マルクス　インタナショナル』32ページ)と述べ、国際集会の経過や、自分が基本諸文書の執筆にいたった経過を詳しく説明しました。そして、その上で、この文書の性格について、次のような言葉を書き添えました。

「非常に厄介だったのは、われわれの見解を労働運動の現在の立場に受け入れられるような形であらわすように取り計らうことだった。この同じ連中が数週間後にはブライトやコブデン*

といっしょに、選挙権のための集会を開くのだ。再び目ざめた運動が以前の大胆なことば使いを受け入れるようになるまでには、時間がかかるのだ。実質を強くし体裁をおだやかにするのは、やむをえない」（同前36ページ）。

＊　ブライト、ジョン（1821〜89）、コブデン、リチャード（1804〜65）は、どちらもイギリスの工場主で、自由主義的政治家。

こうして、1864年という年は、ドイツとの関係でも、国際舞台でも、マルクスが労働者階級の運動との直接のかかわりをもち発展させる転換の年となりました。

「必然的没落」論の立証をめざし、市場競争の研究に踏み込む

では、この年に、マルクスは、理論分野では、どういう活動をしたでしょうか。

『資本論』の著作活動では、前年の1863年8月から1864年夏までの約一年間、『資本論』第一部初稿の執筆に当たりましたが、1864年夏以降は、第三部の最初の三つの章（現行の第一篇〜第三篇）に取り組みました。これは、資本主義の没落を、利潤率の低下の法則の作用による経済的な必然性として証明しようとする最後の理論的努力となったのでした。

この取り組みにあたって、マルクスは、これまでの二つの草稿での二度の取り組みとは質的に

違う新しい立場に踏み出しました。

それは、第三部の表題を、従来の「資本と利潤」から、「総過程の諸姿容」としたところにも、表われていました。[*]

＊**「総過程の諸姿容」** 現行の『資本論』第三部の表題「資本主義的生産の総過程」は、編集者のエンゲルスが原題を変更してつけたものです。

この表題の意味は、マルクスが執筆した冒頭の〝序言〟で、具体的に説明されています。そこでは、第一部では、「資本主義的生産過程」を、第二部では、「流通過程」および生産過程と流通過程との統一である「社会的再生産過程」を研究してきた、第三部では、全体として考察された資本の運動過程から生じてくる「具体的諸形態」が研究になる、と述べられています。そして、そこで展開される「資本の諸姿容」は、「それらが社会の表面で、さまざまな資本の相互の行動である競争のなかに、また生産当事者たち自身の日常の意識のなかに現われる形態に、一歩一歩、近づく」と、説明されています（『資本論』⑧46ページ、ヴェルケ版Ⅲ33ページ）。

ここで「生産当事者たち自身の日常の意識」というのは、資本主義的生産の「当事者」、すなわち、資本家たちの「日常の意識」ということ、もっと具体的に言えば、「価値」ではなく「利潤」の観念が支配する社会ということです。第一部、第二部では、資本主義的生産を価値が支配する世界として研究してきたが、第三部では、その価値が「さまざまな資本の相互の行動である競争」のなかでどう変化し、どんな経済関係が生まれてゆくか、それを研究するという宣言でした。

これは、『資本論』関係の諸草稿のなかで、「資本一般」という枠組みから一歩足を踏み出そうという、最初の宣言でした。この時点で、マルクスが、この枠組みから完全に抜け出すことを決めていたかどうかはわかりませんが、少なくとも、利潤率の低下の法則の作用による資本主義的生産の「必然的没落」を立証するためには、市場競争の作用を本格的に研究する必要があるということを痛感して、この踏み出しを決意したのではないでしょうか。

実際、この部分の叙述は、『五七～五八年草稿』の場合はもちろん、『六一～六三年草稿』での「第三章」の場合とも大きく異なる展開となりました。

先の二つの場合には、利潤という概念の規定とその説明はありますが、量的には利潤＝剰余価値という理解で、すべての議論が展開されていました。

しかし、こんどは違います。第一章（現行の第一篇）で、利潤や「費用価格」（商品の生産に消費された資本の額＝不変資本と可変資本の合計）が説明されたあと（ここではまだ、剰余価値と利潤のあいだに量的相違がありません）と第二章（現行の第二篇）で、市場競争の中で、利潤率の均等化の法則がはたらき、その利潤が「平均利潤」に転化し、量的に利潤が剰余価値から離れてゆくことが論証されます。

こうして市場競争が生みだす諸現象を詳しく解明したうえで、マルクスは第三章（現行の第三篇）でいよいよ、難題中の難題――利潤率の傾向的低下の法則がいかにして資本主義的生産を危機におとしいれるか――への挑戦に踏み込みます。

マルクスは、利潤率低下の法則の「内的諸矛盾」を主題とした第一五章で、この法則が資本主義的生産の必然的没落とむすびつくことの立証を企てました。その意図は、この章の冒頭部分の次の文章によく現れています。

「総資本の価値増殖率すなわち利潤率が資本主義的生産の刺激である（資本の価値増殖が資本主義的生産の唯一の目的であるように）限り、利潤率の低下は、新たな自律的諸資本の形成を緩慢にし、こうして資本主義的生産過程の発展をおびやかすものとして現われる。それは、過剰生産、投機、恐慌、過剰人口と並存する過剰資本を促進する。したがって、リカードウと同様に資本主義的生産様式を絶対的な生産様式と考える経済学者たちも、ここでは、この生産様式が自分自身にたいして制限をつくり出すことを感じ、それゆえ、この制限を生産のせいにしないで自然のせいにする（地代論において）。しかし、利潤率の低下にたいする彼らの恐怖のなかで重要なのは、資本主義的生産様式は、生産諸力の発展について、富の生産そのものとはなんの関係もない制限を見いだす、という気持ちである。そして、この特有な制限は、資本主義的生産様式の被制限性とその単に歴史的な一時的な性格とを証明する。それは、資本主義的生産様式が富の生産にとって絶対的な生産様式ではなくて、むしろ一定の段階では富のそれ以上の発展と衝突するようになるということを証明する」（『資本論』⑨412ページ、ヴェルケ版Ⅲ252ページ)。

しかし、市場競争を組み込むという新しい角度からおこなったこの挑戦も、結局は、利潤率の低下が資本主義の「必然的没落」をもたらすという結論にはついに到達しませんでした。この法則と恐慌との関連についても、次のように、証明抜きで、その関連を一般的に宣言するだけに終わりました。

「生産力の発展と同時に、資本の構成の高度化、資本の不変部分に比べての可変部分の相対的減少が、進展する。

これらのさまざまな影響は、ときにはより多く空間的に並立し、ときにはより多く時間的に継起して、はっきり現われる。抗争し合う作用諸因子の衝突は、周期的に恐慌にはけ口を求める。恐慌は、つねに、現存する諸矛盾の一時的な暴力的解決でしかなく、攪乱された均衡を瞬間的に回復する暴力的爆発でしかない」(同前424～425ページ、ヴェルケ版Ⅲ259ページ)。

また、理論のこうした弱点を補うために、利潤率の低落で存立をおびやかされた小資本の冒険的行動が恐慌をひき起こすという、三年前の議論(『六一～六三年草稿』)がまた持ち出される、ということも起こりました。

「利潤率の低下につれて、労働の生産的使用のために個々の資本家の手中に必要とされる資本の最小限……は増大する。それと同時に集積も増大する。なぜなら、一定の限界を超えれば、利潤率の低い大資本のほうが利潤率の高い小資本よりも急速に蓄積するからである。この増大する蓄積は、一定の高さに達すれば、これはまたこれで利潤率の急速な低下をもたらす。これによって、大量の分散した小諸資本は冒険の道に追い込まれる――投機、信用思惑、株式思惑、恐慌。いわゆる資本の過多《プレトラ》は、つねに本質的に、利潤率の低下が利潤総量によって埋め合わされない資本――そして新たに形成される資本の若枝はつねにこれである――の過多に、または、独力で独自の行動をする能力のないこれらの資本を信用の形態で大事業部門の指導者たちに用立てる過多に、関連している」（同前427ページ、ヴェルケ版Ⅲ261ページ）。

結局、市場競争という舞台に活路を求めたマルクスの三度目の努力も、不発に終わったのでした。

インタナショナル創立にあたって

マルクスが、この理論的苦闘をしたのは、1864年後半、それもかなり遅い時期だと推測されますが、それと前後する9～10月に、マルクスはまったく性格の異なる理論問題に取り組みました。それは、先ほど、いきさつを説明した、国際労働者協会（インタナショナル）のための「創立宣言」と「暫定規約」の執筆です。

「創立宣言」で、マルクスは、1848年の諸革命の敗北後の労働者階級の運動の後退をリアルに描き出したうえで、その時期にも「明るい半面もなかったわけではない」として、二つの「顕著な事実」を指摘しました。

一つは、イギリスの労働者階級が十時間労働法を獲得したことです。

「イギリスの労働者階級は、三〇年にわたって最も驚嘆すべきねばりづよさでたたかったのち、土地貴族と貨幣貴族のあいだの一時的な分裂を利用して、十時間法案を通過させることに成功した」（古典選書『マルクス　インタナショナル』17ページ）。

もう一つは、協同組合工場の運動の発展です。マルクスは、その最大の意義を、資本主義的搾取のもとでの賃労働とはまったく異なる、未来社会における人間労働の姿を示したことに求めました。

「それは、議論ではなくて行為によって、次のことを示した。すなわち、近代科学の要請におうじて大規模にいとなまれる生産は、働き手の階級を雇用する主人の階級がいなくてもやっていけるということ、労働手段は、それが果実を生みだすためには、働く人自身にたいする支配の手段、強奪の手段として独占されるにはおよばないということ、賃労働は、奴隷労働と同じように、また農奴の労働とも同じように、一時的な、下級の〈社会的〉形態にすぎず、やがては、自発的な手、いそいそとした精神、喜びにみちた心で勤労にしたがう結合的労働に席をゆずって消滅すべき運命にあるということ、これである」（同前19ページ）。

しかし、この協同組合工場は、未来の人間労働の姿を示しているが、資本主義体制のもとでは、社会的な規模で大衆を解放することも、大衆の貧困の負担を目だって軽減することもできない。マルクスは、このことを指摘したうえで、次のような言葉で、たたかいの進むべき前途を示しました。

「したがって、政治権力を獲得することが、労働者階級の偉大な義務となった。労働者階級はこのことを理解したようにみえる。なぜなら、イギリス、ドイツ、イタリア、フランスで、同時に運動の復活が起こり、労働者党の政治的再組織のための努力が同時になされているからである」（同前20ページ）。

マルクスはまた、「暫定規約」の前文で、労働者階級の解放運動の現状と任務について、次のように語りました。

「労働者階級の解放は、労働者階級自身の手でたたかいとられなければならないこと、労働者階級解放のための闘争は、階級特権と独占をめざす闘争ではなく、平等の権利と義務のため、またあらゆる階級支配の廃止のための闘争を意味すること、……現在ヨーロッパの最も工業的な国々にみられる労働者階級の運動の復活は、新しい期待を生みだすとともに、古い誤りをくりかえさないようにという厳粛な警告をあたえるものであり、いまなおばらばらな運動をただちに結合するよう要請していること」（同前26～27ページ）。

注目すべきことは、『資本論』第三部の草稿執筆での、利潤率の低下の法則の作用によって資本主義の「必然的没落」を証明しようとする苦闘も、インタナショナルの創立に当たって、労働者階級解放の事業は労働者階級自身が担うべき課題だとした諸文書の執筆も、ほぼ同じ時期におこなわれたマルクスの理論活動に属するものだった、ということです。

この二つの理論的努力は一見たがいに矛盾しあう展開でしたが、そのなかには、次の段階でマルクスの理論活動の新しい時代を開く推進力が内包されていたのでした。この問題の検討は、次篇の主題としたいと思います。

六　恐慌の運動論の発見（1865年）

マルクスが発見した恐慌発生の仕組み

1865年を迎えて、インタナショナルの会議議事録やエンゲルスにあてたマルクスの手紙を読むと、インタナショナルという新しく開けたこの活動分野に、マルクスがいかに多くの時間を割き、力を注いだかが、よくわかります。しかし、マルクスは、その激務のなかでも、『資本論』執筆の手をゆるめず、1月初めから第二部の第一草稿の執筆に取りかかっていました。

その様子をうかがわせる、エンゲルスへの手紙の一節を紹介しておきます。

「僕はいま馬のように仕事をしている。というのは、仕事のできる時間は利用しなければならないし、ヨウ[*1]はまだなおらないとはいえ今では局部的に僕を悩ますだけで頭を乱すことはないからだ。

ときどきは、というのは書いてばかりいられるものでもないからだが、微分dx/dyをやっている。[*2]そのほかにはなにを読むしんぼうもできない。ほかの読書はすべて僕をすぐに書き物机のところに追い返すのだ」（マルクスからエンゲルスへ、1865年5月20日　全集㉛102ページ）。

＊1　ヨウ　皮膚や皮下にできる、高熱や激痛をともなう腫れ物。

＊2　マルクスと微分　マルクスは、微分学を中心とする数学の研究に熱中し、残された研究ノートは、1000ページを超えるとされます。邦訳は戦前からおこなわれてきましたが、最新のものは『マルクス　数学手稿』（菅原仰訳、大月書店、1973年）です。

第二部第一草稿のことは、第一篇第五章（本書121〜124ページ）で簡単に紹介しましたが、ここで、より立ち入った形で見てゆきたいと思います。

ノートの最初のページに書きつけた内容プランは、「第一章　資本の流通」と「第二章　資本の回転」については、章の題名とともに各節の題名も記載されていましたが、その次は「第三章」とあるだけで、内容についての記載はまったくありませんでした。

「第一章　資本の流通」を予定した順序で書き進め、ノートの15ページを書き終えたところで、急にひらめいたのでしょうか、マルクスは、恐慌発生の仕組みについての新しい見解を、16ページの冒頭に、にわかに書きつけました。

「もしも銀行が資本家Aに、彼が彼の商品にたいする支払いのかわりに受け取った手形にたいして（割引で）銀行券を前貸しするか、あるいは直接に、まだ売れていない彼の商品にたいして彼に銀行券を前貸しするかするとすれば、この銀行券は相変わらず、対象化された労働を、つまり〔資本家〕Aの商品のうちにすでに物質化されている労働を表わすのであり、それは現存する商品の転化形態であろう。〔その場合は、〕ただ、商品あるいは支払手段（手形）が貨幣に転化される時間が先取りされ、それによって、流通過程が短縮され、再生産過程が加速される、等々というだけであろう、――ただ商品の貨幣さなぎ化が先取りされるだけであろう。またこの過程を通じて、販売が現実の需要から独立化し、架空のW―G―Wが現実《レアール》のそれにとってかわることができ、そこから、恐慌が伝播されうるのである。（過剰生産、等々。）」（『資本の流通過程〔「資本論」第二部第一草稿〕』35ページ、大月書店）。

マルクスは、このあとで、「流通過程の短縮」をひき起こすのは、銀行による信用の提供ではなく、商人（または商業資本）による生産物の買取りであることに気づき、以後の論述では、その点を訂正して論を進めます。この訂正を織り込んで、マルクスがここで発見した恐慌発生の仕組みをまとめると、次のとおりです。

（１）産業資本家は、生産した商品を商人に売れば、それが消費者の手に届く以前に、商品を貨幣に転化することができる。W―Gの実現（マルクスは、この操作を「流通過程の短縮」と名づけました）。

（２）資本家は、これによって再生産過程を加速することができる（商品が最終消費者に販売される前に、次の再生産過程に移行できる）。こうして、販売が現実の需要から独立し、「架空のW―G―W」が「現実《レアール》のそれにとってかわる」ことになる。

（３）資本主義的生産がこの「架空の」軌道を進むことによって、現実の需要との乖離《かいり》が累積し、恐慌が準備される。

マルクスは、ノートの少し先、ノートの２２～２３ページに、資本の再生産過程が「流通過程の短縮」というこの運動形態を通じて、活況から恐慌にいたる循環過程のシミュレーションをおこない（同前４７～４９ページ）、また、その見地から、これまで恐慌論の懸案の一つとなってきた「信用」や「世界市場」などが果たす役割についても、明確な位置づけをおこないました。＊

＊ **「信用」と「世界市場」の位置づけ**　詳論は避けますが、ここでマルクスがおこなった位置づけの基本点だけを紹介しておきます。

信用。「資本主義的生産様式は、それの〔生産〕過程の規模にとって不可欠な、流通過程を短縮する形態を信用において手に入れる」（同前４９ページ）。

世界市場。「この生産様式がつくり出す世界市場は、具体的などんな場合にも、この形態［流通過程の短縮という形態――不破］の作用をおおい隠すのを助け、それと同時に、この形態の拡張に向けて、それに非常な活動の場を提供する」（同前）。

これまでの位置づけでは、恐慌論は、基礎的な説明は「資本」の部に属するが、「信用」、さらに「世界市場」でより発展した内容を追跡する必要があると考えられていました。

新たに発見された恐慌論は、それらの項目をすべて包括する理論となるものと、期待されるようになったのです。

恐慌の発生の仕組みについての、『五七～五八年草稿』以来、八年にわたる探究が、ついに結実を見たのです。しかし、その内容は、発見したマルクス当人にとっても、おそらくきわめて予想外のものだったのではないでしょうか。

それはマルクスの経済学研究の大きな転換点となった

マルクスは、これまで、『資本論』諸草稿のなかで、「恐慌の可能性」、「恐慌の根拠」について明らかにしてきましたが、新しい発見は、恐慌の発生の仕組みの解明が内容ですから、「恐慌の運動論」と呼ぶことができるでしょう。

この新しい恐慌論が、マルクスの経済学研究におよぼした影響は、絶大なものがありました。

第一に、それは、恐慌が、資本主義的生産の「必然的没落」を実証する現象ではなく、資本主義的生産の循環過程に固有の周期的現象であることを、明らかにしました。

第二に、それは、「恐慌＝革命」説とともに、利潤率の傾向的低下の法則を、資本主義的生産の危機と結びつける『五七〜五八年草稿』以来の想定の誤りを明らかにしました。

第三に、それは、資本主義的生産の「必然的没落の理解」を、これまでとは違った方向に求めなければならないことを、明らかにしました。

最後に、それは、経済学の著述（この時点では『資本論』という新しい題名で執筆し始めていました）の構成プラン全体の再検討が必要になったことを、明らかにしました。マルクスは、市場での利潤の平均化の問題を取り上げた時に、すでに「資本一般」の枠から一歩足を踏み出していましたが、恐慌発生の仕組みの根本が、産業資本の運動への商人（商業資本）の介入にあるという今回の発見は、最初に立てた構成プランが、マルクスの経済学研究の妨害でしかないことを、より深刻な内容をもって、実証したものでした。

七　1865年。ただちに『資本論』構想の転換へ

しかし、この事態にたいするマルクスの対応は、第一篇第五章（本書124～126ページ）で手短かに紹介したように、きわめて落ち着いた、しかもきわめて迅速なものでした。これは、マルクス自身がどれだけ意識していたかはわかりませんが、あらたな事態に対応する理論的準備が、それまでの研究のなかでおのずから蓄積されていたことを、物語るものでした。

再生産論の第二部への組み込み

第二部の執筆開始の時点で、第三章の内容が定まっていなかったことはすでにのべました。おそらく恐慌論発見の以後に決めたことだと推定しますが、内容が不確定だった第三章の内容を、「第三章　流通と再生産」と確定して、ただちに書き進めました。

再生産論は、『六一～六三年草稿』の最終部分で「経済表」形式で仕上げたものがあったのですが、こんど執筆したものは、「経済表」ではなく、再生産問題に経済論として本格的に取り組

み、この分野での新たな貢献となるものでした。

これまでのプラン*では、「再生産論」は、部門の異なる資本のあいだの関係を含むテーマですから、当然、「(a)資本一般」の次の「(b)競争」(多数の資本の行動を扱う)に属する主題とされていたものでした。これを、第二部に組み込んだということは、この段階で、マルクスがすでに、旧プランの放棄に踏み切っていたことを示したものだと思います。

＊**これまでのプラン** すでに第一篇第二章(本書66〜69ページ)で紹介していますが、いよいよ構成プランの大転換という決定的な時点を迎えますので、「これまでのプラン」についてのマルクスの説明を再録しておきます。

「全体が六巻に分かれるはずだ。(1)資本について。(2)土地所有。(3)賃労働。(4)国家。(5)国際貿易。(6)世界市場。

Ｉ　資本は四つの篇に分かれる。(a)資本一般。……(b)競争、すなわち多数資本の対相互行動。(c)信用。……(d)株式資本」(『書簡選集・上』121ページ)。

講演「賃金、価格および利潤」

第二部草稿の執筆中に、インタナショナルで新しい問題が起きました。

インタナショナルは、このころすでに、ヨーロッパ諸国の労働者のストライキ闘争などの支援活動にのりだしていましたが、4月4日の中央評議会（のちの総評議会）で、オーエン主義者であるイギリスのウェストン評議員が、労働組合や賃上げ闘争の否定論を持ち出したのです。マルクスは、5月20日の臨時集会で、反論の演説をしましたが、集会に出かける前に、ことの経過を、エンゲルスに次のように書き送りました。

「今晩は『インタナショナル』の臨時集会がある。善良な飲み助おやじで古いオーエン主義者のウェストン（大工）が二つの命題を提出した。それは彼がいつも『ビー・ハイヴ』〔労働組合の週刊紙＝不破〕で擁護しているものだ。

(1)賃金率の一般的な上昇は労働者たちにとってはなんの利益もないだろうということ。

(2)それだから労働組合は有害な作用をするのだということ。

この二つの命題は、われわれの協会のなかではただ彼だけが信じているのだが、もしこれが承認されれば、われわれは、当地の労働組合に関しても、いま大陸で一般的に見られるストライキの蔓延に関しても、破滅だろう。……人々はもちろん僕からの反駁を期待している。だから、本来は今晩のために僕の駁論を作り上げるべきなのだが、それよりも僕の本〔『資本論』のこと＝不破〕を書き続けるほうが大切だと思うので、今晩は即席でやるよりほかはない」（マルクスからエンゲルスへ、1865年5月20日　『書簡選集・上』271～272ページ）。

マルクスは、その夜、「即席」でウェストンへの反論をおこないましたが、ことの重大性から、より根本的な検討が必要だということになり、6月20日と27日の会議で、こんどはよく練った原稿を準備して、それを読み上げました。マルクスの死後、娘のエリナーがその原稿を発見、「価値、価格、利潤」の表題で出版しました（1898年）。それが、いま広く読まれている『賃金、価格および利潤』です。そこでは、剰余価値学説に立って労賃論は大変わかりやすく説明されていますが、見逃せないのは、新しい恐慌論をわがものにしたマルクスが、そこを起点として切り開いた労働者階級の運動論の新しい見地が、そこに展開されていることです。

第一に、マルクスは、恐慌を経済循環の一局面だと見る新たな見地を、労働者の賃金闘争への教訓として、ここで早くも具体化して見せました。

「諸君のすべてが知っているように、……資本主義的生産は一定の周期的循環をつうじて運動するものである。それは、平穏、活気の増大、好況、過剰取引、恐慌、沈滞の状態を経過する。……市場価格の下落の局面と、恐慌および沈滞の局面にあっては、労働者はまったく職を失うことはないとしても、その賃金を引き下げられることは必至である。……もし超過利潤が得られる好況の局面において彼が賃金引き上げのためにたたかわなかったならば、彼は、一つの産業循環の平均をとってみれば、［労働者は］彼の平均賃金すなわち自分の労働の価値さえうけとらないことになるであろう。彼の賃金は循環の不況局面によってかならず影響をうけるのに、循環の好況局面の時期にその埋め合わせをしてはならないと彼に要求するのは、愚の骨頂である」（古典選書『マルクス「賃労働と資本」／「賃金、価格および利潤」』172〜173ページ）。

第二は、マルクスが、資本との日常闘争で屈服することなくたたかう労働者階級に呼びかけるとともに、「これらの日常闘争の究極の効果を過大視してはならない」、「資本の飽《あ》くなき侵害や市場の変化からたえず発生してくるこれらの避けられないゲリラ戦にのみ心を奪われてはならない」と説き、その組織された力を、「賃金制度の廃止」、すなわち資本主義的搾取からの解放という大目的のために使うよう、呼びかけたことです。

「現在の制度は、彼らにあらゆる困苦をおしつけるが、それと同時に、それが社会の経済的改造に必要な物質的諸条件と社会的諸形態をも生みだすものであることを、彼らは理解すべきである。彼らは、『公正な一日の労働にたいして公正な一日の賃金を！』という保守的な標語のかわりに、『賃金制度の廃止！』という革命的なスローガンを彼らの旗に書きしるすべきである」（同前185ページ）。

「労働組合は、資本の侵害にたいする抵抗の中心としては十分役に立つ。その力を思慮分別もなく使用すれば、それは部分的に失敗する。現存の制度の諸結果にたいするゲリラ戦だけに専念して、それと同時に現存の制度を変えようとはせず、その組織された力を労働者階級の終極的解放すなわち賃金制度の最終的廃止のための槓桿《てこ》として使用しないならば、それは全面的に失敗する」（同前186ページ）。

この方針を、マルクスは、インタナショナルの最初の大会・ジュネーヴ大会の決定「労働組合。その過去、現在、未来」（古典選書『マルクス　インタナショナル』56～58ページ）に、より詳細に具体化しましたが、1865年6月におこなわれたマルクスの講演の中には、資本主義的生産の「必然的没落」への展望を、労働者階級の主体的条件の成熟を不可欠の内容として定式化しようとする新しい見地が、すでに明確な姿をとって登場しつつあったのでした。

『資本論』第三部第四章～第七章の執筆

マルクスは、『資本論』第三部の後半部分、第四章からの執筆を、1865年夏から始めましたが、その構想は、1864年段階に立てた以前の構想とくらべて、大きな変化をとげていました。

第四章のもともとの表題は、「商品取引資本と貨幣取引資本。利子と産業利潤（企業利得）への利潤の分裂。利子生み資本」でした。第三章までは、利潤を剰余価値の転化した形態として研究してきましたが、第四章では、その利潤が、産業利潤と商業利潤に分割され、さらには企業者利得と利子とに分割される、その仕組みを分析することが主題だったのだと思います。たとえば、利子の問題にしても、ここでの主題は分割の仕組みだけで、分割後の資本の運動は、「資本一般」の次の次の部分、「信用」の部分で研究する予定だったと思います。

マルクスは、その構想を捨てて、剰余価値がこのように分割された後に、資本主義的生産がどのように運動し発展するかの問題にまで、研究の抜本的な拡大をはかったのです。

新しい構想では、旧第四章は、二つの章に分割されました。

「第四章　商品資本および貨幣資本の商品取引資本および貨幣取引資本への、または商人資本への転化」。

「第五章　利子と企業者利得（産業利潤または商業利潤）への利潤の分裂。利子生み資本」。

これで、新構想が、「資本」の部に予定されていた全項目（「(a)資本一般」、「(b)競争」、「(c)信用」、「(d)株式資本」）を包括するものに拡大されることになりました。

しかし、主題の拡大は、それだけにはとどまりませんでした。くわえて、第六章、第七章が設定されたのです。

「第六章　超過利潤の地代への転化」。

「第七章　諸収入（諸所得）とその源泉」。

これは、資本主義社会の三大階級の経済的基礎を研究するとして、「資本」、「土地所有」、「賃労働」を順次研究するとした最初の構想の全体に終止符を打ち、『資本論』にすべてを統合する決断をしたことを意味するものでした。*

＊『資本論』と土地所有　この時点では、『資本論』に統合するのは「土地所有」のうち、地代の理論だけで、土地所有そのものの研究は、対象外とされました。

「土地所有をそのさまざまな歴史的形態において分析することは、本書の限界外にある」

（第六章冒頭の一句。『資本論』⑫1077ページ、ヴェルケ版Ⅲ627ページ）。

マルクスは、1870年代に、土地所有の歴史的研究を第三部にふくめることに方針を変更し、準備的な研究を広範におこないましたが、この構想を実現しえないまま、その生涯を終えました。

こうして、一八六五年は、『資本論』が、今日の内容と構想をもった著作として形成される途上での、決定的な転換の年となったのでした。

エンゲルスに『資本論』草稿の完成を知らせる

新構想にもとづく第三部後半部分の執筆は、1865年12月末までに終わりました。インタナショナルの活動で文字通り指導的中心の役割を果たしながら、この膨大な草稿を書き上げたことは、まさに驚くべき大事業だったと思います。

この時期にエンゲルスに書き送ったマルクスの二つの手紙があります。

まず、仕事を開始して一ヵ月ほどたったと思われる、1865年7月31日の手紙です。

「さて僕の仕事のことだが、これについてはほんとうのことを打ち明けよう。理論的な部分（はじめの三巻）を完成するためには、まだ三つの章を書かなければならない。それからさらに第四巻、歴史的―文献的な巻を書かなければならないのだが、これは僕にとっては相対的に最も容易な部分だ。というのは、問題はすべてはじめの三巻のなかで解決されていて、この最後の巻はむしろ歴史的な形での繰り返しだからだ。しかし、僕は、全体が目の前にでき上がっていないうちにどれかを送り出す決心がつきかねるのだ。たとえどんな欠陥があろうとも、僕の著書の長所は、それが一つの芸術的な全体をなしているということなのだ。そして、それはただ、全体が目の前にでき上がっていないうちはけっして印刷させないという僕のやり方によってのみ、達成できるのだ。ヤーコプ・グリム的な方法*をもってしてはこれは不可能で、彼の方法は、一般に、弁証法的に編成されていない著作により良く適しているのだ」（『書簡選集・上』２７３～２７４ページ）。

＊ **グリム的な方法**　グリム（ヤーコプとヴィルヘルム）兄弟は、ドイツ語辞典の編集者で、辞典は、１８５４年以後、アルファベット順に順次発行された。

「あと三章」と言っていますから、これから「利子生み資本……」の章にかかるということでしょう。『資本論』が全四巻で完結するという構想は、ここで初めて明言されたことでした。歴史的な部分は別として、理論的な部分は全三巻が間もなく書き上がるというのですから、何よりも『資本論』の完成を待ち望んでいたエンゲルスを大いに喜ばせた手紙でした。

次は、翌１８６６年２月１３日の、草稿の完成を知らせる手紙です。

「この『呪われた』本はと言えば、それはこうなっている。それは一二月末にでき上がった。地代に関する論述、つまり最後から二番目の章だけでも、今の稿では、ほとんど一冊の本をなしている。昼は博物館に行き、晩に書いた。……僕は地代に関する僕の理論的な研究を二年前に終えた。*そして、ちょうどこの間にたくさんのことが、しかもまったく僕の理論を確証しつつ、なしとげられた。日本についての解明も（平素は僕は、職業上強制されないかぎり、旅行記を読むようなことは概してないのだが）この点では重要だった。……

でき上がったとはいえ、この原稿は、その現在の形では途方もないもので、僕以外のだれのためにも、君のためにさえも、出版できるものではない。

僕は清書と文体調整をちょうど一月一日から始めた」（同前277ページ）。

＊ **二年前**　『六一～六三年草稿』の「剰余価値に関する諸学説」のなかで、ロートベルトゥスおよびリカードウ、スミスととりくんでおこなった地代論研究を指しています（『資本論草稿集』⑥所収）。

マルクスがここで「現在の形では途方もないもの」と表現したのは、ただの謙遜《けんそん》の形容詞ではありません。この時書いた諸章、とくに第五章の信用論は、マルクスが1857年以来の草稿執筆の過程で、はじめて踏み込んだ領域についての最初の草稿でした。第六章の地代論でも、地代論は「諸学説」のなかでかなり立ち入った研究をしたテーマでしたが、「差額地代の第二形態」

論は、はじめて論及する主題でした。

私たちはこれまで、諸草稿を読みながら、あれこれの問題で、次の草稿に移る時にマルクスの思考や表現が大きく発展すること、そこには以前の命題の是正も少なからず含まれることを見てきました。このことは、事実上の初稿部分を大きくふくむ信用論や地代論を読むときに、頭に入れておくべきことだと思います。

八　『資本論』第一部完成稿の執筆

労働者階級の主体的発展を追跡する

マルクスは、先に紹介したエンゲルスへの手紙で、第一部の「清書と文体調整」の仕事を始めたと書きましたが、1866年に開始した仕事は、そんな単純な仕事ではありませんでした。1863～64年に書いた第一部初稿は、「資本一般」の枠内で書いた草稿です。今度は、従来の著作プランから抜け出し、これまでの研究の全成果を織り込んだ『資本論』全三部、その第一部である「資本の生産過程」を仕上げる、という仕事です。この仕事を終えて初めて、資本主義的生産の「肯定的理解」と「必然的没落の理解」の弁証法の完成にいたるのでした。

そして、その仕事の最も重要な部分をなしたのが、「資本」の部に「賃労働」の部を統合し、資本主義的生産様式の発展の、特別の意義をもつ一側面として、労働者階級の成長・発展の過程を解明することでした。* その仕事をやりとげるうえでは、『六一〜六三年草稿』の最後の時期におこなった新たな労働者階級論の解明が、理論的準備として重要な役割を果たしたのでした。

＊ **第一部完成稿における労働者階級論**　この問題は、以前に、『マルクス「資本論」——発掘・追跡・探究』（2015年、新日本出版社）の「三　社会変革の主体的条件を探究する——労働者階級の成長・発展に視点をおいて」（同書199〜319ページ）で、三つの角度から、かなり詳細に追究した問題です。ここでは、結論的な記述にとどめましたので、詳論はこの著作を参照していただければ、ありがたいと思います。

マルクスは、すでに書き上げた第一部初稿に、必要な訂正・補筆の手を加えたり、新たに書き加えるべき部分を挿入したりして、第一部完成稿の執筆作業を進めました。

その作業ぶりをうかがわせる一通の手紙が残っているので、紹介しましょう。

それは、エンゲルスあての1866年2月10日の手紙で、「過度の夜業」の結果、病気が再発して「一月一日以来すばらしく捗《はかど》っていた僕の仕事」が中断されたことを訴えた後、再開した仕事の状況を、次のように報告しています。

「『腰掛けること』はもちろん問題外だった。それは今でもまだ窮屈だ。だが、横になりながらも、昼のうちの短い合い間だけだったとはいえ、苦役を続けてきた。本来の理論的な部分では先に進むことはできなかった。そうするには頭脳が衰えすぎていたのだ。そのため『労働日』にかんする篇を歴史的に拡大したのだが、これは僕の最初のプランにはなかったことだ。今度僕が『挿入したもの』は、君の本*への一八六五年までの補足（スケッチ的）になっており（そのことは注のなかでも言ってある）、また将来のことについての君の判断と現実との相違の十分な弁明にもなっている」（全集㉛１４５ページ）。

＊　**君の本**　エンゲルス『イギリスにおける労働者階級の状態』（１８４５年、古典選書上・下２冊）。

「労働日」の篇を歴史的に拡大するというこの仕事は、新しい構想――社会変革の主体勢力である労働者階級の発展の過程を『資本論』に書き込むという仕事の第一歩をなすものでした。最初のプランでは、それは、「賃労働」の部で分析されるべき問題として、「資本」の部の枠外におかれていたのですが、マルクスが１８６５年に転換を開始した新しい構想では、「賃労働」の全内容が『資本論』に組み込まれることになったのです。

ここでは、労働者が自分と階級の存続を守る階級闘争の必然性が浮き彫りにされ、その最初の偉大な成果である工場法（十時間労働法）の歴史的意義が強調されました。

「自分たちを悩ます蛇[*1]にたいする『防衛』のために、労働者たちは結集し、階級として一つの国法[*2]を、資本との自由意志による契約によって自分たちとその同族とを売って死と奴隷状態とにおとしいれることを彼らみずから阻止する強力な社会的バリケード[*2]を、奪取しなければならない」（『資本論』新版②532ページ、ヴェルケI版I320ページ）。

＊1　**蛇**　「蛇」は旧約聖書からとった言葉で、資本による責め苦を指す。

＊2　**国法、社会的バリケード**　どちらも、労働日を制限する工場法を指す。

マルクスは、『資本論』刊行の翌年、クーゲルマンへの手紙では、工場法を「労働者階級が発展と運動のための余地を得るための第一条件」と意義づけました。

「工場法にかんしては――これは、労働者階級が発展と運動のための余地を得るための第一条件です――私は国家の命令により、つまり強制法として、資本家にたいしてばかりか、労働者自身にたいしても出すことが必要であると考えます」（マルクスからクーゲルマンへ、1868年3月17日　全集㉜444ページ）。

続く「相対的剰余価値の生産」の章では、資本主義のもとでの生産力の発展を三段階にわたって分析しますが、『六一～六三年草稿』での分析との大きな違いは、労働者が、生産を担う集団的な主体として成長・発展してゆく過程を、段階をおって追跡していることです。前の草稿では、この発想は、「諸学説」以後に、機械段階の分析のなかで初めて現われたものでしたが、ここでは、そのさいに登場した「全体労働者」の概念を最初から使って、その発展が本格的に追跡されます。

単純協業の段階。「結合労働者または全体労働者」(『資本論』③570ページ、ヴェルケ版Ⅰ346ページ)。「労働者は、他の労働者たちとの計画的協力のなかで、彼の個人的諸制限を脱して、彼の類的能力を発展させる」(同前573ページ、ヴェルケ版Ⅰ349ページ)。

マニュファクチュアの段階。「多数の部分労働者たちから結成された全体労働者そのもの」(同前607ページ、ヴェルケ版Ⅰ369ページ)。

機械と大工業の段階。「一つの中心力(原動力)によって間断なく作動させられる一つの生産的機械体系を、熟練と勤勉とをもって担当する、成年・未成年のさまざまな等級の労働者の協業」(経済学者ユアの『工場哲学』での表現)――この表現では、「結合された全体労働者または社会的労働体が支配的な主体として……現われている」(同前725ページ、ヴェルケ版Ⅰ441～442ページ)。

こうして、マルクスは、資本主義的生産過程の発展のなかで、労働者階級が、来るべき未来社会で、社会的生産をみずから担う主体として成長する姿を浮き彫りにしたのでした。

新たに書き起こした「第二三章」――社会的格差の極限までの拡大

この点で決定的に重要な意義をもったのは、「第七篇　資本の蓄積過程」に新たに「第二三章　資本主義的蓄積の一般的法則」を書き起こしたことだと思います。

マルクスはここで、第三部「第三篇　利潤率の傾向的低下の法則」（1864年執筆）と同じ出発点――資本構成の変化――に立ちながら、理論展開の角度と道筋も、その結論もまったく異なる資本主義的生産様式の新たな「必然的没落」論を展開したのです。

（1）**理論の出発点は共通**　資本は、生産手段の価値を代表する不変資本と、労働力の価値を代表する可変資本との二つの部分から構成されますが、生産力の発展とともに、不変資本部分の比重が大きくなります。その結果、搾取の度合いが大きくなったとしても、利潤率が低下する傾向が生まれます。リカードウらの古典派経済学者たちはそこに資本主義の危機を見、マルクスも一時はそれに同調したのですが、生産力の発展とともに、生産手段部分が占める比重が大きくなり、新たな労働によってそれに付加される価値部分の比重が相対的に小さくなるということは、将来の社会主義社会を含めて、社会体制のいかんにかかわらずに起こる自然的な現象でした。ここに体制の危機を見たのは、古典派経済学の誤った危機感を引き継いだもので、マルクスは、第一部完成稿の執筆にあたって、こうした危機感ときっぱり手をきったのでした。

（2）**独自の資本主義的生産様式の巨大な発展**　資本構成の変動の結果、何が起こるか。二年前の旧稿では、利潤率の低下が危機を加速するはずだという思い込みがあって、資本構成がこんなに変動しているのに、危機の起こり方が遅いとされ、利潤率の低下を妨害する要因――「反対に作用する諸原因」の探究に特別の一章をあてたりしたものでした。

しかし、こんどは違います。資本構成の変動の結果、資本主義的生産の世界に何が起こっているかをリアルに見ると、変化のテンポが鈍いどころか、巨大な変化が急速にかつ大規模に進行していることが、明らかになりました。マルクスは、その変化を、独自の資本主義的生産様式の加速度的発展として、数ページにもわたる緻密《ちみつ》な筆致で生き生きと描き出します（『資本論』④10 74～1081ページ、ヴェルケ版I652～657ページ）。

なかでも、重要なことは、競争と信用を二つの強力な手段として、「資本家による資本家の収奪」、資本の集中が進行し、少数の巨大資本による経済支配ができあがってゆくことです。

「資本主義的生産および蓄積が発展するのと同じ度合いで、集中のもっとも強力な二つの槓《て》桿《こ》である競争と信用も発展する。それとならんで、蓄積の進行が、集中されうる素材すなわち個別的諸資本を増加させ、それと同時に、資本主義的生産の拡大が、一方では社会的欲求をつくり出し、他方では、資本の先行的集中と結びついて実現されるあの巨大な産業的企業の技術的手段をつくり出す。したがって、こんにちでは、個別的諸資本の相互吸引力および集中への傾向は、かつて見ないほど強くなっている。……集中の進行は、決して社会的資本の大きさの積極的増大に依存するものではない。……集中は、既存の諸資本の単なる配分変更によって、すなわち社会的資本の構成部分の量的群別の単純な変化によって生じうる。……ある与えられた事業部門において、もしそこに投下された諸資本のすべてがただ一個の資本に融合するようにでもなれば、集中がその極限に達したことになるであろう」（同前1078～1079ページ、ヴェルケ版Ⅰ655ページ）。

（3）富と貧困。社会的格差の極端な拡大　マルクスは、旧稿とはまったく違った視角から、資本主義的生産のもとでの矛盾の深刻化に迫ります。それは、資本主義的生産の高度の発展が、労働者の雇用に充てる可変資本部分を相対的に縮小させ、過剰な労働者人口を不断につくりだす、という問題です。

「すべての［生産＝不破］部面において、可変的な資本部分の増大、それゆえ就業労働者数の増大は、つねに激しい動揺および一時的な過剰人口の生産と結びついている。……労働者人口は、それ自身によって生み出される資本の蓄積につれて、それ自身の相対的過剰化の手段をますます大規模に生み出す。これこそが、資本主義的生産様式に固有な人口法則で」ある（同前1084ページ、ヴェルケ版Ⅰ659～660ページ）。

その結果、どういう状態が起こるか。企業に本格的に雇用された本雇いの労働者のまわりに、景気の変動に雇用が左右される流動的労働者あるいは非正規労働者の膨大な層があり、さらに時々にしか仕事にありつけない失業者・半失業者の大軍がある、こういう、現役労働者と膨大な産業予備軍が併存するという多重構造が社会的規模でつくりだされました。

マルクスは、この状態を「相対的過剰人口」という言葉で特徴づけ、それが、労働者への搾取を過酷なものとする、資本にとって絶好の仕組みであることを、痛烈な言葉で指摘します。

「労働者階級の就業部分の過度労働は、彼らの予備軍隊列を膨張させるが、その逆に、この予備軍隊列がその競争によって就業者に加える圧迫の増加は、就業者に過度労働と資本の命令への服従を強制する」（同前1093ページ、ヴェルケ版Ｉ665ページ）。

「産業予備軍は、停滞と中位の繁栄との期間中には現役労働者軍を圧迫し、過剰生産と興奮との期間中には現役労働者軍の要求を押さえ込む。したがって、相対的過剰人口は、労働の需要供給の法則が運動する場の背景である。相対的過剰人口は、この法則の作用範囲を、資本の搾取欲および支配欲に絶対的に適合する範囲内に押し込める」（同前1098ページ、ヴェルケ版Ｉ668ページ）。

資本主義的蓄積の発展のなかで、資本が個々の企業内で労働者を搾取するだけでなく、労働者階級を社会的規模で搾取する仕組み、社会的な格差が限りなく拡大する仕組みがつくり出されたのです。

マルクスは、この分析の最後を、次のような強烈な文章で結びました。

「最後に、相対的過剰人口または産業予備軍を蓄積の範囲と活力とに絶えず均衡させる法則は、ヘファイストスの楔《くさび》がプロメテウスを岩に縛りつけたよりもいっそう固く、労働者を資本に縛りつける。この法則は、資本の蓄積に照応する貧困の蓄積を条件づける。したがって、一方の極における富の蓄積は、同時に、その対極における、すなわち自分自身の生産物を資本として生産する階級の側における、貧困、労働苦、奴隷状態、無知、野蛮化、および道徳的堕落の蓄積である」（同前1108ページ、ヴェルケ版Ｉ675ページ）。

ここでマルクスが、労働者階級のたとえとしてあげたプロメテウスとは、ギリシア神話の英雄で、人間に火（文明の象徴）を与えたために、神ゼウスの怒りを買い、鍛冶の神ヘファイストスが鍛えた鎖でコーカサスの岩山に縛り付けられたという伝説があります。マルクスは、ここで、そのプロメテウスを人間解放の事業の象徴としてあげ、資本主義的蓄積が生みだした過酷な搾取の鎖にしばられた労働者階級が、人間解放の闘士として、社会変革の事業に立ち上がる必然性をもっていることを、示したのでした。

ここにいたるマルクスの分析の過程をもう一度ふりかえってみてください。

マルクスは、第三部第三篇の旧稿では、資本構成の変動から出発して、利潤率の傾向的低下の法則を証明し、そこに資本主義的生産の「必然的没落」の立証を求めようとしました。

これにたいして、第一部完成稿第七篇第二三章の新稿では、同じく資本構成の変動から出発しながら、独自の資本主義的生産様式の急速な発展を実証し、そのもとで資本の搾取が個々の企業の枠をこえた社会的規模の、内容的にもより過酷なものに変化してゆくことを明らかにしました。そして、その過程で、労働者階級が社会変革の主体に変化してゆく展望を明らかにしたのです。*

＊ **旧稿と新稿**　これまでの検討の中でも多くの事例があるように、マルクスの草稿のなかには、ある見解をいったん提起したものの、その後の研究でそれを克服して、より高い見地に到達するということが、しばしばあります。マルクスは、その場合、確信ある結論に到達する以前に、自分の見解を公表することはありませんでした。第三部の前半部分にあった利潤率の傾向的低下の法則をめぐる見解も、そうしたものの一つだったと思います。

ですから、マルクスが生前に公表した文章のなかには、利潤率の低下の法則について述べた文章は、一つもありませんでした。マルクスの死後、エンゲルスが、『資本論』第三部の旧稿を編集発行したときに、マルクスが1864年の時点でそういう見解をもっていたことが、はじめて明らかになり、それとともに、利潤率の低下法則に資本主義的生産様式の「必然的没落」の根拠とする見地（マルクスが1865年冒頭に克服し放棄した見地）が、『資本論』の正当な構成部分と位置づけられることになったのでした。これは、マルクスの経済学の継承のうえで、一つの不幸な出来事でした。

そこから、資本主義的生産の「必然的没落」についての新しい理解が、浮かび上がってきます。マルクスは、その新しい理解を、第七篇の最後の結論的部分、第二四章の「第七節　資本主義的蓄積の歴史的傾向」で展開して見せます。

九　「必然的没落」の弁証法。最後の到達点

この第七節は、「第二四章　いわゆる本源的蓄積」を総括しつつ、「第七篇　資本の蓄積過程」、さらには『資本論』第一部全体の総括をなす、という、『資本論』全体のなかで独特の意義をもつ一節となっており、資本主義的生産様式の弁証法――「肯定的理解」と「必然的没落の理解」の到達点も、ここで与えられます。

資本主義的生産の成立と発展。徹底した収奪とその結果

マルクスは、まず資本主義的生産の成立と発展の過程が、最初から最後まで、より弱い者からの生産手段の収奪の過程であったことを指摘します。

収奪の最初の犠牲者は、「労働者が自分の生産手段を私的に所有している……小経営」（農業と工業の）でした（同前１３０３ページ、ヴェルケ版Ｉ７８９ページ）。資本主義的私的所有によってこれらの小経営が駆逐された過程は、「血と火の文字で人類の年代記」に書き込まれた残酷無残

な歴史（同前1225ページ、ヴェルケ版Ⅰ743ページ）として、「いわゆる本源的蓄積」のこれまでの章で、リアルに描き出されました。

この転化過程が終わり、資本主義的生産様式が自分の足で立つようになると、新たな収奪、大資本によるより小さい多数の資本家の収奪が始まりました。これも、第二三章「第二節　蓄積とそれにともなう集積との進行中における可変資本部分の相対的減少」（同前1070～1081ページ、ヴェルケ版Ⅰ650～657ページ）で、詳細に分析・解明してきたことでした。

その結果、何が生まれるか。

マルクスは、「この集中、すなわち少数の資本家による多数の資本家の収奪」に並行して、来るべき新たな社会を準備する一連の経済的諸条件が発展することを、指摘します。

――ますます増大する規模での労働過程の協業的形態。

――科学の意識的な技術的応用。

――土地の計画的利用。

――共同的にのみ使用されうる労働手段への労働手段の転化。

――結合された社会的な労働の生産手段としてのその使用によるすべての生産手段の節約。

――世界市場の網のなかへのすべての国民の編入。

――資本主義体制の国際的性格の発展（同前1305～1306ページ、ヴェルケ版Ⅰ790ページ）。

『五七～五八年草稿』などでは、資本主義的生産の、次の社会を準備する役割としては、もっぱら生産力の無制限の発展だけを、「資本の文明化作用」として指摘したものですが、ここでは、マルクスの視野ははるかに大きく広がっています。[*]

＊　**次の社会を準備する諸要素の探究**　ここでは、生産過程にかかわる問題だけに限定されていますが、マルクスは、『資本論』第一部のなかでは、より広い視野で、次の社会を準備する諸要素の探究を試みています。

工場立法の普及を、「新しい社会の形成要素と古い社会の変革契機とを成熟させる」ものとした次の文章は、重要な探究の一つで、今日、より広い規模で問題になっている「社会的ルール」の意義にも連なるものだと言えるでしょう。

「工場立法の一般化は、生産過程の物質的諸条件および社会的結合とともに、生産過程の資本主義的諸形態の諸矛盾と諸敵対とを、それゆえ同時に、新しい社会の形成要素と古い社会の変革契機とを成熟させる」（『資本論』③864ページ、ヴェルケ版Ｉ526ページ）。

これは、第一部第四篇第一三章の「第九節　工場立法（保健および教育条項）。イギリスにおけるそれの一般化」のなかの文章ですが、マルクスは、そこで、生産労働と教育の問題（同前832、838ページ、ヴェルケ版Ｉ508、512ページ）、家族制度の問題（同前842～843ページ、ヴェルケ版Ｉ514ページ）についても、資本主義社会での状況と未来社会にかかわる考察をおこなっています。

「必然的没落の理解」の結論的な定式

ここから、資本主義的生産様式の「必然的没落」についての、マルクスの新たな定式が引き出されます。

「この転化過程のいっさいの利益を横奪し独占する大資本家の数が絶えず減少していくにつれて、貧困、抑圧、隷属、堕落、搾取の総量は増大するが、しかしまた、絶えず膨張するところの、資本主義的生産過程そのものの機構によって訓練され結合され組織される労働者階級の反抗もまた増大する」（『資本論』④１３０６ページ、ヴェルケ版Ｉ７９０～７９１ページ）。

「必然的没落」の過程が、資本主義的生産そのものの自己矛盾による「没落」ではなく、搾取と貧困、抑圧の増大にたいする労働者階級の闘争、「資本主義的生産過程そのものの機構によって訓練され結合され組織される労働者階級の反抗」こそが、「没落」への推進力であることが、ここで明確に規定されました。第二三章では、ギリシア神話の英雄プロメテウスの名を出すことでそのことが示唆されましたが、この定式では、訓練・結合・組織の過程を経た労働者階級の反抗が、没落を必然化する決定的な主役として位置づけられたのです。

マルクスはつづけて語ります。

「資本独占は、それとともにまたそれのもとで開花したこの生産様式の桎梏《しっこく》となる。生産手段の集中と労働の社会化とは、それらの資本主義的な外被とは調和しえなくなる一点に到達する。この外被は粉砕される。資本主義的私的所有の弔鐘が鳴る。収奪者が収奪される」（同前、ヴェルケ版Ｉ７９１ページ）。

ここも、前の文章の続きとして読むことが大切です。資本独占の桎梏化が、さまざまな経済的危機として現われても、外被を粉砕する主役がその役割を果たさなければ、「資本主義的私的所有の弔鐘」は鳴りません。そのことは、２０世紀とそれ以後のさまざまな危機的時機に、世界が経験してきたことです。「必然的没落」についてのマルクスの新しい定式には、最初から最後まで、この主体的見地が貫かれている、このことを、読み取ることが大切です。

「必然的没落」の弁証法を探求する私たちの旅は、マルクスとともに、ここに最後の到達点を迎えたのです。

社会変革の内容について――二つの文章

この節の最後の二つの文章で、マルクスは、来るべき社会変革の内容を特徴づけました。

第一の文章は、個人的な所有の再建をめぐる文章です。

「資本主義的生産様式から生まれる資本主義的取得様式は、それゆえ資本主義的な私的所有は、自分の労働にもとづく個人的な私的所有の最初の否定である。しかし、資本主義的生産は、自然過程の必然性をもってそれ自身の否定を生み出す。これは否定の否定である。この否定は、私的所有を再建するわけではないが、しかし、資本主義時代の成果――すなわち、協業と、土地の共有ならびに労働そのものによって生産された生産手段の共有――を基礎とする個人的所有を再建する」（同前）。

若干の解説をつけておきましょう。ここでは、三つの時期が対比されています。

第一の時期は、資本主義以前の時期で、そこでは、生活手段も生産手段も、すべて労働する者の個人的な私的所有に属していました。

第二の時期は、資本主義的生産の時期です。労働者は、生産手段を奪われ、生活手段も大きな部分を資本家に奪いとられました。この時期を、マルクスは、「個人的な私的所有の最初の否定」と呼びます。

第三の時期は、これからかちとられる未来社会です。そこでは、生産手段はすべての人間の共同所有になり、生活手段は各人の個人的所有となります。社会的な生産物のうち、再生産とその拡大に必要な部分と、お年寄りや子どもなど働けない人々の生活にあてる部分を除くすべてが、各人に分配されますから、個人的所有となる部分は、搾取社会とはくらべものにならない豊かさになるでしょう。これを、マルクスは、労働者の個人的所有を否定した資本主義時代の「最初の否定」を乗り越え、個人的所有を新しい時代に新しい内容で復活させたものとして、「否定の否定」と呼んだのです。

「否定の否定」というのは、ヘーゲルが弁証法の法則の一つとして提起したものですが、自然でも社会でも、ものごとの発展の歴史の中で、ある段階でいったん否定された現象が、次の発展段階で、より高度な新しい内容をもって復活してくるということは、しばしば起こることで、これを発見したことは、ヘーゲルの功績の一つだと言ってよいでしょう。

第二の文章は、社会変革の展望にかかわる文章です。

「諸個人の自己労働にもとづく分散的な私的所有の資本主義的な私的所有への転化は、もちろん、事実上すでに社会的生産経営にもとづいている資本主義的所有の社会的所有への転化よりも、比較にならないほど長くかかる、苦しい、困難な過程である。まえの場合には、少数の横奪者による人民大衆の収奪がおこなわれたが、あとの場合には人民大衆による少数の横奪者の収奪がおこなわれる」(同前1306〜1307ページ、ヴェルケ版Ⅰ791ページ)。

ここで、マルクスは、生産手段の社会化という社会的行為そのものを問題にし、それが比較的短期間におこなわれるだろう、という予想を述べていますが、1871年に、フランスでパリ・コミューンという労働者階級の壮挙がおこなわれた時、生産手段の社会化が完了した後の社会発展について新しい考察をおこないました。その考察は、生産手段の社会化が完了して以後の社会発展の前途という新しい問題を研究したもので、そこから過渡期の理論が生まれました［**補注**］。

こうして、資本主義的生産の発展と没落の弁証法を主題にしたマルクスの探求は、『資本論』

第一部の最後の部分に、その到達点を見事に記録したのでした。

［補注］マルクスによる過渡期の理論の展開

マルクスのこの考察は、パリ・コミューンがフランスの政府と軍隊による凶暴な弾圧（「血の一週間」と呼ばれる）によってその歴史を閉じた直後に、インタナショナル総評議会の声明「フランスにおける内乱」として発表されました。

この文書のなかで、マルクスは、パリ・コミューンの社会的意義を、まず次のように特徴づけます。

「コミューンのほんとうの秘密はこうであった。それは、本質的に労働者階級の政府であり、横領者階級にたいする生産者階級の闘争の所産であり、労働の経済的解放をなしとげるための、ついに発見された政治形態であった」（全集⑰３１９ページ）。

続く文章で、マルクスは、「労働者階級の政府」の樹立は、新しい社会を建設する事業の出発点であって、この事業が完成するまでには「環境と人間とをつくりかえる一連の長期的過程」が必要となることを、指摘しました。

「労働者階級はコミューンに奇跡を期待しなかった。……自分自身の解放をなしとげ、それとともに、現在の社会がそれ自身の経済的作因によって不可抗的に目ざしている、あのより高度な形態をつくりだすためには、労働者階級は長期の闘争を経過し、環境と人間とをつくりかえる一連の歴史的過程を経過しなければならないことを、彼らは知っている」（同前320ページ）。

ここでは、「過渡期」という言葉はまだ使われていませんが、内容的には、過渡期についてのマルクスの最初の研究であり、最初の論及でした。

マルクスは、『フランスにおける内乱』を準備する際に二つの草稿（1871年4～5月）を執筆していますが、その第一草稿には、次のような、過渡期の問題のより詳細な研究が含まれていました。いま見た『内乱』本文での簡潔な論及は、第一草稿でのこうした包括的研究を基礎としておこなわれたものだったのでした。

「労働者階級は、彼らが階級闘争のさまざまな局面を経過しなければならないことを知っている。

労働の奴隷制の経済的諸条件を、自由な結合的労働の諸条件とおきかえることは、時間を要する漸進的な仕事でしかありえないこと（この経済的改造）、そのためには、分配の変更だけでなく、生産の新しい組織が必要であること、言い換えれば、現在の組織された労働という形での生産の社会的諸形態（現在の工業によってつくりだされた）を、奴隷制のかせから、その現在の階級的性格から救いだす（解放する）ことが必要であり、その調和のとれた国内的および国際的な調整（コーディネイション）が必要であることを、彼らは知っている。

この刷新の仕事が、既得権益と階級的利己心の諸抵抗によって再三再四押しとどめられ、阻止されるであろうことを、彼らは知っている。

現在の『資本と土地所有の自然諸法則の自然発生的な作用』は、新しい諸条件が発展してくる長い過程を通じてのみ、『自由な結合的労働の社会経済の諸法則の自然発生的な作用』によっておきかわりうること、それは、『奴隷制の経済諸法則の自然発生的な作用』や『農奴制の経済諸法則の自然発生的な作用』が交替した場合と同様であることを、彼らは知っている。

しかし同時に彼らは、政治的組織のコミューン形態を通じて巨大な進歩を一挙に獲得できること、そして、彼ら自身と人類のためにその運動を開始すべき時がきていることを、知っている」（全集⑰517〜518ページ）。

『フランスにおける内乱』とその草稿については、ここでは、そこに過渡期論のたちいった研究があったということの紹介にとどめます。内容的な解明は、前掲不破『マルクス「資本論」―発掘・追跡・探究』での過渡期研究・「パリ・コミューンをめぐる研究のなかで（一八七一年）」（同書55〜63ページ）を参照していただければありがたい、と思います。

マルクスが、この見解を、「過渡期」という用語を使って定式化したのは、その四年後、ドイツの二つの労働者党の合同を事後に知って、その綱領を批判的に検討して、ドイツの同志たちに書き送った文書『ゴータ綱領批判』のなかででした。マルクスは、この文書のなかで、労働者党が目指すべき未来社会について、綱領の随所にラサール流のあいまいで誤った見方が持ち込まれていることを痛烈に批判しましたが、「過渡期」の言葉は、共産主義社会への移行の時期を表現する用語として、そのなかで初めて登場したのでした。

「資本主義社会と共産主義社会とのあいだには、一方から他方への革命的転化の時期がある。その時期にまた政治的な過渡期が対応するが、この過渡期の国家はプロレタリアートの革命的ディクタトゥール［執権］以外のなにものでもありえない」（古典選書『ゴータ綱領批判／エルフルト綱領批判』43ページ、新日本出版社）。

一〇　新しい恐慌論のその後

第三部草稿――商人資本論での恐慌論の展開

「第三篇　発展と没落の弁証法」の最後の問題として、「必然的没落の理解」の新たな展開の起動力となった新しい恐慌論が、その後の『資本論』諸草稿の執筆のなかでどう扱われていったか、その経過を追跡しておきたいと思います。

マルクスが、『資本論』第二部第一草稿（1865年前半）で、新しい恐慌論を発見したことはすでにのべました。その草稿に続いて1865年後半に執筆したのは、第四篇から第七篇にいたる『資本論』第三部の後半部分でしたが、マルクスは、その最初の篇、商人資本の運動を論じた「第四篇　商品資本および貨幣資本の商品取引資本および貨幣取引資本への（商人資本への）転化」で、さっそく新しい恐慌論の具体化をはかりました。

それは、「第一八章　商人資本の回転。価格」の初めの部分にある次の文章です。

「商人資本は、第一に、生産資本のために局面W―Gを短縮する。第二に、近代的信用制度のもとでは、商人資本は社会の総貨幣資本の一大部分を使用することができ、その結果、すでに買ったものを終極的に売ってしまうまえに、自分の購入を繰り返すことができる。その場合、わが商人が直接に最終消費者に売るのか、それともこの両者のあいだに一ダースもの別の商人が介在するのかは、どうでもよいことである。与えられたどんな制限も乗り越えてつねに推進されうる再生産過程の巨大な弾力性のもとでは、商人は、生産そのものにはどんな制限も見いださないか、またはせいぜい非常に弾力性のある制限を見いだすだけである。したがってここに、商品の本性に由来するW―GとG―Wとの分離のほかに、架空の需要がつくり出される。商人資本の運動は、その運動の自立化にもかかわらず、流通部面内における産業資本の運動以外のなにものでもない。しかし、商人資本は、その自立化によって、ある限界内では再生産過程の諸制限にはかかわりなく運動するのであり、それゆえ再生産過程をその制限を越えてまでも推進する。内的依存性と外的自立性とは、商人資本をかり立てて、内的な連関が暴力的に、恐慌によって回復される点にまで到達させるのである。
恐慌がまず出現し爆発するのは、直接的消費に関係する小売業においてではなく、卸売業と、これに社会の貨幣資本を用立てる銀行業との部面においてであるという恐慌の現象はこうして生じるのである」（『資本論』⑨514〜515ページ、ヴェルケ版Ⅲ316ページ）。

「流通過程の短縮」という言葉は使われていませんが、ここで説明されているのは、明らかに、第一草稿で発見された新しい恐慌論――再生産過程への商人の介入を契機として恐慌が起こることを明らかにした恐慌の運動論です。それが、商人資本の活動に視点をおいて説明されることで、いちだんとたちいった解明になっています。

マルクスは、続く文章で、製造業者と輸出業者や輸入業者、各段階の商人と産業資本家など、諸資本間の具体的な関係に踏み込みながら、恐慌にいたる現実の経済過程のいっそうたちいった解明に踏み込みます。

「製造業者は現実に輸出業者に売り、この輸出業者はまた外国の取引先に売るであろうし、輸入業者は彼の原料を製造業者に売り、この製造業者は、彼の生産物を卸売商人に売るであろう、等々。しかし、どこか目立たない個々の地点で、商品は売れないままになっている。または、こんどは、すべての生産者と中間商人との在庫がしだいに過剰になってくる。まさにそのような場合にこそ消費は最も盛んになるのがつねである。なぜなら、一部には、一人の産業資本家が他の産業資本家たちを順々に運動させるからであり、一部には、彼らの就業させる労働者たちが完全就業をして通常よりも多くの支出をしうるからである。資本家たちの所得とともに、彼らの支出も増加する。さらに、すでに見たように（第二部、第三篇）、不変資本と不変資本とのあいだにも恒常的な流通が（促進させる蓄積を度外視しても）行なわれており、この流通は、決して個人的消費にはいり込まない限りではさしあたり個人的消費にかかわりがないが、にもかかわらず終極的には個人的消費によって限界づけられている。というのは、不変資本の生産は、決して不変資本そのもののために行なわれるのではなく、個人的消費にはいり込む生産物を生産する生産諸部面でより多くの不変資本が使用されるからこそ行なわれるからである。とはいえ、これ〔不変資本の生産〕は、しばらくは、見込み需要に刺激されて平穏に進行することができ、それゆえこれらの部門では、商人の場合も産業家の場合も事業は非常に景気よく進展する。遠隔地に売る（または国内でも在庫の山をかかえてしまっている）商人たちの〔支出の〕還流が緩慢になって、まばらになり、その結果、銀行には支払いを迫られたり、諸商品購入のさいに振り出した手形が諸商品の転売が行なわれないうちに満期になるということになれば、ただちに恐慌が到来する。そこで強制販売、支払いをするための販売が始まる。そうなればそこにあるのは崩落であって、それは外見的な繁栄に一挙に結末をつけるのである」（同前515～516ページ、ヴェルケ版Ⅲ316～317ページ）。

第三部のこの文章は、商人資本論の一部だということで、あまり注目されず読み過ごされがちな部分ですが、実際には、ここには、現行『資本論』にマルクスが書き込んだ、新しい恐慌論の最もたちいった解明があったのです。

第二部第二草稿――恐慌論の本格的展開は第二部最後の部分で

マルクスは、1867年9月に『資本論』第一部を刊行したあと、翌1868年から第二部の草稿執筆に本格的にとりかかりました。その内の一つが第二草稿（1868~70年執筆）で、エンゲルスはこれを「第二部の論稿のうちである程度まで完成している唯一のもの」と呼び、「第二草稿が基礎にされなければならない」としたマルクスの言葉も紹介しています（第二部「序言」『資本論』⑤9ページ、ヴェルケ版Ⅱ11ページ）。

現行『資本論』第二部の「第二篇　資本の回転」は、大部分がこの第二草稿から編集されたものですが、恐慌論の関係で注目されるのは、「第一六章　可変資本の回転」のなかに、次のような覚え書が書き込まれていたことです。

「資本主義的生産様式における矛盾。労働者は商品の買い手として市場にとって重要である。彼らの商品――労働力の売り手としては、市場を最低限に制限する傾向がある。さらに次の矛盾。資本主義的生産がそれのすべての力能を発揮する諸時期、その限度まで生産する諸時期は、過剰生産の時期であることが明らかとなる。なぜなら、生産の諸力能は、それによって剰余価値が生産されうるだけでなく実現もされうるかぎりおいて充用されることができるだけであるが、商品資本の実現（商品の販売）は、だからまた剰余価値の実現もまた、社会の消費欲求によってではなく、その大多数の成員がつねに貧乏でありまたつねに貧乏のままであらざるをえないような社会の消費欲求によって限界を画され、制限されている等々だからである。けれども、ここでの話のいっさいが次の章ではじめて問題になることである」*（『資本論』⑥49 9ページ、ヴェルケ版Ⅱ318ページ）。

＊　この覚え書には、エンゲルスの編集のさいに、マルクスが書いた「剰余価値」の語を「より多くの価値」と読み取るなど、文意を左右するいくつかの大きな読み違いがあり、そのために現行版では意味の取りにくい難解な文章になっていました。『新メガ』の編集の過程でそれらの誤読が正されたので、その訂正をくわえた訳文をここに掲載しました。

この覚え書そのものには、新しい恐慌論の内容に触れた部分はありませんが、重要なことは、マルクスが、第二部の「次の章」を、その恐慌論を本格的に解明する場所として指定したことです。「次の章」と言えば、現行の「第三篇　社会的総資本の再生産と流通」の篇です。この篇は、拡大再生産の表式化に成功したところで終わっていましたが、マルクスは、それに続く部分で、新しい恐慌論の本格的、全面的な展開をおこなう予定であり、ここにその予告を書き込んだものと読むことができます。

第二部第五草稿——新しい恐慌論の意義づけを明確に

時間的に見て、それに続く位置を占めるのが、「第一篇　資本の諸変態とそれらの循環」の「第二章　生産資本の循環」のなかの次の文章です。この文章は、『資本論』第二部の構成では、第一篇に属しますが、第五草稿からとった文章で、マルクスがこれを書いたのは１８７７年４〜１０月、第二部諸草稿のなかでは、かなり遅い時期に属するものでした。

資本は、再生産過程を、貨幣資本（G）——商品資本（W：労働力と生産手段）——生産資本（P）——商品資本（W＋w′生産物）——貨幣資本（G＋g′）という順序でくりかえします。この循環過程を、生産資本（P）に視点をおいて考察した「生産資本の循環」の章で、生産された商品（W′）の販売を論じる文章の一節に、恐慌の問題がちらっと顔をだすのです。

「W′—G′という行為は、資本価値の循環の継続のために、また資本家による剰余価値の消費のために、W′が貨幣に転化され、販売された、ということだけを想定する。W′が購買されるのは、もちろん、その物品がある使用価値であり、したがって生産的または個人的ななんらかの種類の消費に役立つからにほかならない。しかし、W′が、たとえば糸を買った商人の手中にあってさらに流通するとしても、そのことはさしあたり、この糸を生産して商人に売った個別資本の循環の継続には、少しも関係はない。全過程はその進行を続け、またそれとともに、その進行によって条件づけられる資本家および労働者の個人的消費も進行を続ける。〔これは〕恐慌の考察にさいして重要な一点」（『資本論』⑤119ページ、ヴェルケ版Ⅲ80ページ）。

マルクスは、この文章の最後の一句、「恐慌の考察に際して重要な一点」に脚注をつけ、そこに第二部第一草稿の新しい恐慌論の主要部分を書き写しました（『新メガ』による）。恐慌論は、第二部の最後の部分で展開するという構想はすでに決めていましたから、もちろん、ここで恐慌論を展開するつもりはなかったでしょう。この脚注は、さきざきの展開のための材料として書き写したのではないかと、推察します。マルクス自身には分かっていることですから、この文章が第一草稿からの引用だという指摘は、どこにもありませんでした。エンゲルスは、マルクスがここに脚注を書き込んだ事情を理解しないまま、この文章を、本文に起こして、さきに引用した文章の次の部分に組み込むという措置をとりました。

これは、本篇の「六　新しい恐慌論の発見（1865年）」で、「活況から恐慌にいたる循環過程のシミュレーション」（本書230ページ）として紹介したものです。そのときは、内容の文章は省略しましたが、以下が、マルクスが第一草稿から書き写した文章の全文です。

「W′は、販売され、貨幣に転化されしだい（それが流通手段としての貨幣の介在によって行なわれるのか、それとも、価値残高の決済のための支払手段としての貨幣によって行なわれるのかはまったくどうでもよい）、労働過程の、それゆえまた再生産過程の、現実の諸要因に再転化されうる。それゆえ、W′が最終消費者によって購買されているか、それともふたたびそれを売るつもりの商人によって購買されているかは、直接には事態をなんら変えるものではない。［☆1］再生産過程は、そこで産出された商品――**生産過程の諸結果**――が、**個人的消費を予定されたものであって、**現実には消費にはいり込んでいなくても、ある限界内では――**というのは、一定の限界を越えると、市場の供給過剰と、そしてそれにともなう再生産過程自体の停滞が起こるであろうから**――拡大された規模ないし同じ規模で進行することができる。［☆2］もしこの過程が拡大されているときには――それは生産手段の生産的消費の拡大を含む――、このような資本の再生産は、労働者の個人的消費（したがって需要）の拡大をともなうことがありうる。なぜなら、これは、生産的消費に含まれているからである。こうして、剰余価値の生産が、それゆえ資本家の**繁栄**が、**労働者**の消費と**需要**が増大し、全再生産過程が繁栄のさなかにあるというのにもかかわらず、商品の一大部分は、ただ見かけの上でだけ消費にはいったのであり、現実にはしかし、売れないまま転売者たちの手のなかにある、したがって、実際にはまだ市場にある、ということがありうるのである。さしあたりは商品の流れが次から次へと続き、そしてついに、前の流れはただ見かけの上でだけ消費に呑みこまれているのだ、ということが明るみにでる。商品資本家たちは市場でたがいにその席を奪い合う。あとからやって来るものは、売るためには価格を下げて売る。以前の流れを捌《さば》くことができないでいるのに、それの買い手には支払期限がやってくる。彼らは、破産を宣言せざるをえない、等々。そして、支払うためにはどんな価格でも売る。このような販売は、需要の現実の状態とは絶対になんの関係もない。それは、ただ、支払金にたいする需要、どんな価格ででも商品を貨幣に転化させたいという絶対的な必要に、関係があるだけである。そこで、**全般的な瓦解**、恐慌が勃発する。それは、消費的需要の、つまり個人的消費のための需要の直接の減少においてではなく、資本と資本との交換の、資本の再生産過程の、減退において、目に見えるようになる」（『資本の流通過程　〔「資本論」第二部第一稿〕』大月書店、47～48ページ、太字は不破。訳文は『資本論』の新書版〈⑤119～121ページ、ヴェルケ版Ⅱ80～81ページ〉の訳に調整しました）。

この文章は、マルクスが第一草稿で発見した新しい恐慌論にもとづき、恐慌にいたる経済循環の過程をシミュレーション的に記述したものですから、恐慌論そのものを理解していないと、その意味が理解できません。エンゲルスも、その難解さに気づいたからでしょうか。マルクスの文章に、注釈的な文章を書きくわえたり、一部を省略するなどの加工をおこなったのです。今の引用文で、太字の部分は省略した箇所、［☆1］［☆2］としたのはエンゲルスが文章を書き加えた箇所です。書き加えたエンゲルスの文章は、次のとおりです。

☆1：「資本主義的生産によってつくり出される商品総量の広がりは、この生産の規模とこの規模の不断の拡大への欲求とによって規定されるのであり、需要と供給との、充足されるべき諸欲求の、ある予定された範囲によって規定されるのではない。大量生産は、その直接の買い手としては、他の産業資本家たちのほかには、卸売商人しかもちえない」（『資本論』⑤119

ページ、ヴェルケ版Ⅱ80ページ)。

☆2:「商品の消費は、その商品を生み出した資本の循環には含まれていない。たとえば糸は販売されてしまえばすぐに、販売された糸がさしあたりどうなろうとも、糸で表わされた資本価値の循環は新たに始まりうる。生産物が販売される限り、資本主義的生産者の立場から見れば万事は規則正しく進行する。彼によって代表される資本価値のその循環は中断されない」(同前119~120ページ、ヴェルケ版Ⅱ80~81ページ)。

エンゲルスは、このシミュレーションの根本にある新しい恐慌論を知らないでおり、そのエンゲルスが一部を書きかえたのだから、本来のマルクスの恐慌論の正確な解説とはなりません。結局、『資本論』第二部のこの文章は、理解しがたいものとなってしまったのでした。

こうして、マルクスが第五草稿に書きつけたこの「脚注」は、真意が理解されないまま不遇な取り扱いをされてきましたが、マルクスが第一草稿の内容を第五草稿(1877年)に「脚注」として書き込んだという事実そのものは、それ自体がたいへん重要な意義をもつことでした。そのことは、マルクスが、第二部第一草稿(1865年)で発見した新しい恐慌論を、1877年の時点においても、自身の恐慌理論の到達点として維持し続けていたことの確証となっているからです。

当然、第二部第三篇の後半部分に予定していた恐慌論が、その見地に立っての展開となったであろうことは疑いないでしょう。第二部第一草稿でマルクスが発見し記述した新しい恐慌論は、マルクスの経済学研究の全体のなかで、そういう意義をもったのでした。

第四篇　弁証法の解説者、エンゲルス

一　実現しなかったマルクスの弁証法解説

これまで、（1）『資本論』の構想プランの問題（「叙述の仕方」と「研究の仕方」）、（2）価値と使用価値の相関、（3）資本主義的生産の「肯定的理解」と「必然的没落の理解」の三つの問題に焦点をしぼって、マルクスの弁証法観の進化の過程をたどってきました。それらは、マルクスの弁証法の重要な内容をなすものですが、マルクスの弁証法のすべてでは、もちろんありません。しかし、マルクスの弁証法観の発展過程を、マルクス自身の論稿を通じて、具体的にたどれるという点では、貴重な意義をもつ主題でした。

認識の対象である素材そのものを徹底的に研究して、そこに客観的に存在する弁証法的連関や弁証法的な運動形態を解明しつくしてこそ、その素材の弁証法的なあり方の認識に到達できる――マルクスは、この三つの問題で、多年にわたって、そういう努力を尽くし、その到達点が、『資本論』全三部、なかでも第一部完成稿に、みごとな結実を見せたのでした。

マルクスは、生前、弁証法の問題で自分の到達点を解説した著作を書きたい、という意向を、いろいろな機会にもらしていました。

『五七〜五八年草稿』執筆中の1858年1月、その意向を最初に書いたエンゲルスへの手紙（『書簡選集・上』113ページ）を序篇第二章（本書23〜24ページ）で紹介しましたが、『資本論』第一部刊行後に書いた1868年年5月にも、同じ趣旨のことを、ドイツの労働者出身の哲学者ディーツゲン＊への手紙に記していました。

「経済的な重荷［『資本論』の完成のこと＝不破］を首尾よくおろせたら、『弁証法』の本を書くつもりです。弁証法の正しい諸法則はすでにヘーゲルにちゃんと出てはいます。ただし神秘的な形態で。肝心なのは、この形態をはぎ取ることなのです」（マルクスからディーツゲンへ、1868年5月9日　『書簡選集・中』51ページ）。

＊　**ディーツゲン**、ヨーゼフ（1828〜88）　ドイツの労働者。哲学を独力で研究し、唯物論と弁証法に到達した。彼の最初の著作『一労働者の見た人間の頭脳活動の本質』は手稿としてマルクスのところに送られ、マルクスは、エンゲルスとともにこれを研究してその内容を評価、この著作はマルクスの仲介で、1869年、ハンブルクで出版された。

このことは、エンゲルスとのあいだでも話題となっていたのでしょう。1883年3月のマルクスの死去後、マルクスの家に出向いたエンゲルスは、のこされた遺稿全体の〝発掘〟と整理に当たりましたが、その時、彼が探究の対象として最も重視したのは、『資本論』の遺稿に加えて、「弁証法の概要」の草案が存在しているかどうか、だったようです。そのことは、『資本論』ロシア語版の刊行などを通じて親しくなったロシアの社会学者ラヴローフ*にあてた報告の手紙によく現れています。

＊ **ラヴローフ**　ピョートル・ラヴローヴィチ（1823～1900）ロシアの社会学者、ナロードニキの理論家の一人で、マルクス、エンゲルスと親しい関係をもち、国際労働者協会に加盟した。

「『資本の流通』〔第二部のこと――不破〕と第三部『総過程の総姿容』との草稿を見つけました――二つ折り判で約一〇〇〇ページです。この草稿が現在のままの状態で印刷に出せるかどうか、を今から言うことは、不可能です。どのみち私はそれを清書しなければならないでしょう。というのは、それは最初の草案だからです。近いうちに、モール〔マルクスのこと＝不破〕がわれわれに残した全手稿に目を通すためにいくらかの時間を費やすときがきっとくるでしょう。なによりもまず問題なのは、彼がいつも書き上げようとしていた弁証法の概要です。しかし、彼はいつでも彼の仕事の状態を、われわれに隠していました。彼は、もし自分の用意したものがだれかの耳にはいってしまうと、彼がその公表に同意するまでは絶えずせつかれるだろう、ということを知っていたのです」（エンゲルスからラヴローフへ、1883年4月2日　同前253ページ）。

しかし、マルクスの書斎でのエンゲルスの捜索活動は、弁証法の遺稿では実を結びませんでした。ディーツゲンに「経済的重荷を下ろしたら」と言っていた、『資本論』の完成というその仕事そのものの途上で、生命の緒が断ちきれたのですから、それは当然の成り行きだったのかもしれません。

しかし、この空白をうずめるべき人物がいました。弁証法の問題で、マルクスと最も深い意見交換をおこなっていたエンゲルス当人です。しかも、エンゲルスは、マルクスの生前にも、マルクスに代わって、その弁証法の総合的解説者の役割を果たしてきたのでした。『反デューリング論』（1876〜78年）およびそのダイジェスト版の『空想から科学へ』（1883年）、そしてマルクスの死後の著作である『フォイエルバッハ論』（1888年）――エンゲルスのこの三つの著作がなかったら、科学的社会主義の世界観の全体、とくにその弁証法観を後世に正確に伝えることが、きわめて大きな困難に直面しただろうことは、想像にかたくありません。この分野でのエンゲルスの果たした役割の大きさは、いくら強調してもしすぎることはないと思います。

二　エンゲルスと弁証法

エンゲルスにも、弁証法とは無縁な一時期があった

ここで、弁証法へのエンゲルスのかかわりを、簡潔にふりかえってみましょう。

マルクスと同じように、エンゲルスは、若い青年時代には、ヘーゲルの弁証法に熱中した学生でしたが、やがて、唯物論と共産主義への転換を進み、それ以後、ヘーゲルとも弁証法とも無縁の道を歩んできた――こういう経歴は、マルクスと共通していました。

そのエンゲルスのところへ、マルクスから、〝久方ぶりにヘーゲルを読んだ〟という例の手紙（本書21〜22ページ）が舞い込んできたのが1858年1月、そして2月には、ラサールの著作『暗黒の人へラクレイトス』*での「弁証法」のもてあそびを痛烈に批判した手紙が続きました。そのなかで、マルクスが「われわれが危うく忘れかけていた弁証法」を思い出させてくれた喜びを語り、結びの部分で、ラサールの弁証法遊びに対して、科学における弁証法の本来の在り

方を対置していることを読んで、エンゲルスは意外の思いを抱いたかもしれません。

「彼［ラサール＝不破］にとって残念なことながら、彼は次のことを知るだろう。すなわち、ある科学を、批判によってはじめて、それを弁証法的に叙述しうるような点にもってくるか、それとも、論理学の抽象的な既成の体系を、ほかならぬこのような体系の予見に適用するかは、まったく別ものだ、ということを知るだろう」（マルクスからエンゲルスへ、1858年2月1日、『書簡選集・上』116ページ）。

＊　**ヘラクレイトス**（前540ころ～前480ころ）　ギリシアの唯物論哲学者で、弁証法の創始者の一人。ヘラクレイトスの次の言葉が、『資本論』では「第一篇　商品と貨幣」のなかで紹介されますが、ラサールのこの著書からの引用とされています。

「火から万物が生じ、万物から火が生じる。ちょうど、金からもろもろの品物が生じ、もろもろの品物から金が生じるように」（『資本論』新版①187ページ、ヴェルケ版Ⅰ120ページ）。

さらに、その2ヵ月後、こんどは書きあがりつつある著作の内容解説の手紙がきますが、そこでは、著作の構成――「⑴資本について。⑵土地所有。⑶賃労働」という順序で三大階級の経済的基礎を研究しようとする前半部分の構成＊――についての説明のなかに、「弁証法」がとびだします。1月以来、三たびにわたる「弁証法」の連続発言でした。

「資本から土地所有への移行は同時に歴史的でもある。というのは、土地所有の近代的形態は、封建的等々の土地所有にたいする資本の作用の産物だからだ。同時に土地所有から賃労働への移行も、単に弁証法的であるだけではなく、歴史的でもある。というのは、近代的土地所有の最後の産物は賃労働の一般的定立であり、次いで賃労働が全体の基礎として現われるのだからだ」(『書簡選集・上』121ページ)。

＊ **三大階級論の執筆順序** マルクスは、経済学の著作の構成プランのなかで、三大階級をどういう順序で考察するか、という問題に特別の重要性をおいていました。「序説」に書き込んだ最初のプランでは、「資本――賃労働――土地所有」という順序でしたが、草稿の執筆の早い段階でそれを、「資本――土地所有――賃労働」に変更し、その根拠を詳細に論じました(『資本論草稿集』①329〜334ページ)。この説明はなかなか難解なものですが、その核心は、労働者階級の成立は、土地所有にたいする資本の作用の結果だったという「本源的蓄積」の理解にあったようです。

『資本論』完成稿の段階で、「賃労働」も「土地所有」も、「資本」の部に統合された結果、順序問題でのこの時のマルクスの苦労も、意味を失うことになりました。

なお、最初の構想では、著作の全体は六部構成で、後半部分は「(4)国家。(5)国際貿易。(6)世界市場」とされていました(『書簡選集・上』121ページ)。

エンゲルスがこれにたいして、4月9日、次のような返書をマルクスに送ります。

「君の第一分冊前半の勉強は僕を非常に多忙にした。それは、じっさい、まったく抽象的な抽象だ。といっても、短いものでは仕方のないことだが。おまけに、僕は弁証法的な移行を探すのにしばしば苦労しなければならない。というのは、およそ抽象的な思考は僕には非常に無縁になっているからだ。このように全体を六冊に配列するということは、けっしてこれ以上よくはなりえないだろうし、また僕には特別に気にいった。といっても、土地所有から賃労働への弁証法的な移行は僕にはまだはっきりはわからないのだが。貨幣論議の展開もたいへんみごとだ。個々の点ではここでも僕にはまだはっきりしない、というのは、僕はしばしば歴史的な土台をこれから集めてみなければならないからだ。とはいえ、資本一般の結びが手にはいりしだい、論旨をもっとよく読んで、それについてもっと詳しく手紙を書こう。この摘要の抽象的弁証法的な調子は完成稿ではもちろんなくなるのだろうが」（『書簡選集・上』128ページ）。

エンゲルスは、こう答えたものの、マルクスとのこのやり取りが、久方ぶりに弁証法の研究に打ち込む大きな刺激となり、これを機に、弁証法についての猛勉強を開始したようです。

弁証法研究をマルクスに知らせた最初の書簡

この手紙の3ヵ月あまりのちに、エンゲルスは、マルクスあてに、最近の自然科学の発見が弁証法の実証になっていることについて報告する手紙を書きました。エンゲルスは後に、『フォイエルバッハ論』（1888年）で、細胞の発見、エネルギーの転化、生物の進化論の三つを自然の弁証法的性格を示す自然科学の「三大発見」と意義づけましたが、その三つの発見のすべてが、この手紙に登場していることは、大変興味深いことです。

「約束のヘーゲルの『自然哲学』を送ってくれるだろうね。僕はいま、生理学をすこしやっており、それと比較解剖学とを結びつけることになるだろう。ここにはきわめて思弁的な事実があり、しかもそれは、新しく発見されたばかりなのだ。僕は老ヘーゲルが、それについてなにかいっていないか、とても知りたくてしかたがない。彼がこんにち『自然哲学』を書くとしたら、いろいろの事実があらゆる方角から彼をめがけてとんできたにちがいないということはたしかだ。それにしても、この三〇年間に、自然科学のなかで行なわれた進歩について、人はなんの概念ももっていない。……生理学全体を革命化し、比較生理学をはじめて可能にした主要な事実は、植物では、シュライデン[*1]による、動物ではシュヴァン[*2]による（一八三六年ごろ）細胞の発見だ。すべては細胞である。細胞がヘーゲルの即自有であって、そこから最後に『理念《イデー》』すなわちそれぞれの場合に完成した有機体が発展してくるまで、その発展において正確にヘーゲルの過程をたどっているのである。

ヘーゲル老人をよろこばせたにちがいないもう一つの結果は、物理学における力の相関関係で、すなわち、一定の条件のもとでの力学的な運動、したがって、力学的な力（たとえば摩擦による）が熱に変化し、熱が光に、光が化学的親和力に、化学的親和力が（たとえばヴォルタの電堆において）電気に、電気が磁気に変化するという法則である。このような移行はまた違った形で、前方にむかっても後方にむかってもおこりうるのである。……これは、反省規定が相互に誘起される方法についてのすばらしい物質的証明ではないか。

比較生理学においては、観念論的に人間を他の動物以上にもちあげることは、しだいに軽蔑されることだけはたしかだ。一歩ふみだすたびに、他の哺乳類との構造の最も完全な一致にぶつかるのであり、だいたいにおいて、この一致は、すべての脊椎動物にみられ――もっとぼんやりとしてではあるが――昆虫、甲殻類、さなだ虫にまでもみられる。ヘーゲルの量的系列の質的飛躍についての物語は、ここでもまた、はなはだみごとだ」（エンゲルスからマルクスへ、1858年7月14日　同前131～132ページ）。

＊1　シュライデン、マティアス・ヤーコブ（1804～81）　ドイツの植物学者。

＊2　シュヴァン、テオドール（1810～82）　ドイツの生物学者。

エンゲルス、マルクスの弁証法を解説する

1859年5月、著作『経済学批判』が刊行されたとき、マルクスはその書評をエンゲルスに

依頼しました。この書評は連載論文として、ロンドンで発行され始めたドイツ語の週刊紙『ダス・フォルク（人民）』に掲載されました。エンゲルスは、第一回で経済学史上でのこの著作の意義づけを、第二回でこの著作の方法論を説明し、第三回から「この本の経済学的内容そのもの」の解説にはいるつもりでしたが、新聞が連載の途中で廃刊になったため、連載は第二回で中断しました。

しかし、最初の二回分だけでも、この書評は、エンゲルスがこの書をいかに深く理解したかを雄弁に示しています。

とくに、マルクスの方法論を解説した第二回は、全体が、一年前にはエンゲルス自身が「非常に無縁になっている」とした弁証法の解明にあてられました。

エンゲルスは、その解説を、ヘーゲルの弁証法にたいする評価から出発させます。

「彼［ヘーゲル＝不破］は、歴史のなかに発展を、ある内的連関を証明しようとした最初の人であった。彼の歴史哲学のなかの多くの点がいまわれわれにとってどんなに奇妙に見えようとも、彼の根本の考え方そのものの壮大さは、彼の先行者であれ、また彼以後にあえて歴史について一般的な考察をした人々であれ、彼と比べてみると、今日なお驚嘆に値するものである。……

こうした画期的な歴史観は、新しい唯物論的な考え方の直接の理論的前提であった。……マルクスは、ヘーゲルの論理学から、この領域におけるヘーゲルの真の発見を含んでいる核心を取りだし、そして、弁証法的方法からその観念論的な外皮を剝ぎとって、それを思想の展開の唯一の正しい形態となりうるような簡単な姿につくりあげるという仕事を引き受けることのできたただ一人の人物であったし、いまもそうである。マルクスの経済学批判の基礎をなす方法が仕上げられたことは、重要な意義をもつ唯物論的な基本的な考え方に見劣りしない成果であると、われわれは考える」（古典選書『「経済学批判」への序言・序説』９４ページ）。続く部分で、エンゲルスは、『経済学批判』で展開されている商品論を取り上げながら、そこに「こんにちの完成した段階にあるドイツの弁証法的方法」（同前９６ページ）が、その意義をどのように発揮しているかを、具体的に解説するのです。

こうして、この書評は、マルクスの弁証法を解説した、エンゲルスの最初の労作となりました。

自然弁証法の研究への八年間の集中

エンゲルスは、その後も、とくに自然科学の領域に重点を置きながら、弁証法の研究を続けますが、その様子の一端はマルクスとの手紙のやり取りにも、出てきます。

これは、１８６７年６月、『資本論』第一部がいよいよ印刷に入り、その校正刷を待つ時期の手紙です。

エンゲルスからマルクスへ（1867年6月16日）。

「ホーフマンを読んだ。[*1] 新しい化学理論は、そのあらゆる誤りにもかかわらず、以前の原子論的理論に比べれば大きな進歩だ。物質の独立な存在の可能な最小の部分としての分子は、まったく合理的な範疇であって、ヘーゲルの言っているように、無限に続く分割のなかでのひとつの『結節点』[*2]であって、この結節点が分割を完結させるのではなく、質的な区別を生み出すのである。原子――以前には可分性の限界として示されていた――は、ホーフマン君自身は不可分な原子が存在するという古い観念に絶えずまた逆戻りしているにもかかわらず、いまや単なるひとつの関係にすぎないのだ」（『書簡選集・中』23～24ページ）。

＊1　ホーフマン、アウグスト・ヴィルヘルム・フォン（1818～92）。ドイツの化学者。ここで話題にしているのは、彼の『近代化学入門』（1866年）。

＊2　結節点　ヘーゲルは、『大論理学』および『小論理学』のなかで、量的変化が質的変化に転化する過程を表現する用語として、「結節線」あるいは「結節点」という言葉を使っています。

マルクスからエンゲルスへ（1867年6月22日）。

「ホーフマンのことでは君はまったく正しい。なお、僕の第三章では手工業親方の資本家への転化――単に量的な諸変化による――が示唆されるのだが、この章の結びから君が見てとるであろうように、そこでは僕は本文のなかで、単に量的な変化の質的な変化への転化の法則に関するヘーゲルの発見を、歴史においても自然科学においても等しく確証されたものとして、引用している」（同前25ページ）。

ここでマルクスが「第三章」というのは、現行版の第一部第三篇のことで、その「第九章　剰余価値の質と量」のなかの、次の文章をさしています。

「中世の同職組合制度は、個々の親方が使用してもよい労働者総数の最大をきわめて小さく制限することによって、手工業親方の資本家への転化を強制的にくい止めようとした。貨幣所有者または商品所有者は、生産のために前貸しされる最小額が中世のこの最大額をはるかに超える場合にはじめて、現実に資本家に転化する。ここでもまた、自然科学の場合と同様に、ヘーゲルが彼の『論理学』のなかで発見した法則、すなわち、単なる量的な変化がある一定の点で質的な区別に転化するという法則の正しさが、実証される」（『資本論』新版②545ページ、ヴェルケ版I327ページ）。

エンゲルスは、1869年6月末、マンチェスターでの経営者生活に終止符を打ち、1870年9月にはロンドンに居を移して、10月から、インタナショナルの評議員としての活動を始めます。同時に、この転身によって得た自由な「時間」を活用して、「弁証法的であると同時に唯物論的な自然観」を確立し、発展させる仕事に力をそそぎました。その間の事情を、後日、エンゲルス自身が、次のように率直に語っています。

「マルクスと私とは、おそらく、意識的な弁証法をドイツの観念論哲学から救いだして、唯物論的な自然観と歴史観とのなかに取りいれた、ほとんど唯一の人間であった。しかし、弁証法的であると同時に唯物論的な自然観には、数学と自然科学の知識が必要である。マルクスは数学に精通した人であったが、いろいろな自然科学については、われわれは少しずつ、とぎれとぎれに、ばらばらに追究することしかできなかった。そこで、私は、商売から身をひいてロンドンに移った結果そうするのに必要な時間ができたとき、私の力に及ぶかぎりで、数学と自然科学について、完全な、リービヒのいわゆる『羽がわり』[*]をやり、八年間の大部分をそれに費やした」（『反デューリング論』１８８６年版への「序文」全集⑳１１ページ、古典選書版・上２０〜２１ページ）。

＊　**リービヒのいわゆる「羽がわり」**　ドイツの化学者ユストゥス・フォン・リービヒ（１８０３〜７３）は、化学の急速な進歩を次のように形容して「たえまない羽がわりの過程」と表現しました。

「化学は、おそろしく急速な進歩をとげつつあるので、この進歩に遅れまいとする化学者は、たえまない羽がわりの過程にある。新しい羽が生えてくると、古い羽はもう鳥を支えることができないで、翼からぬけおちる。そのあとでは鳥はいっそうよく飛ぶことができる」（『農耕の自然法則への序論』１８６２年）。

三　デューリングとの論争のなかで

1870年代、ドイツの党内にデューリング熱が発生

ドイツの労働者の社会主義運動では、すでに見たように（本書214～217ページ）1860年代に、ラサールとその後継者たちによる「全ドイツ労働者協会」（1863年創立）と、リープクネヒトやベーベルが中心となって結成された「社会民主労働党」（アイゼナッハ派、1869年創立）が、対立して運動する状況がつくり出されました。ラサール派は、プロイセンの首相ビスマルクとの同盟というラサールの右翼路線を受け継ぐなど、運動上の多くの問題をかかえていました。これにたいし、アイゼナッハ派は、インタナショナル支持の立場をとり、より健全な傾向を代表していましたが、党内にプルードン主義者など雑多な勢力を含んでおり、マルクス、エンゲルスは、その克服のために、さまざまな理論的援助をしたものです。とくにエンゲルスは、この党の機関紙「デル・フォルクスシュタート（人民国家）」に、プルードン主義批判の論文『住

宅問題』（1872年）をはじめ、多くの論説を寄稿し、思想的、運動論的な援助をおこないました。

1870年代に入って、運動の戦線に大きな変化が起こりました。1875年5月、この二つの党が、ゴータの大会で「ドイツ社会主義労働者党」への合同を決定したのです（党名は、1890年に「ドイツ社会民主党」と改称）。同党の新しい綱領には、ラサール主義の遺物が色濃く残っており、合同の直前にこのことを知ったマルクスとエンゲルスは、党綱領の問題点を含め、無原則な合同を批判する文章を、アイゼナッハ党の指導部に送りました。*

＊ **マルクス、エンゲルスの批判文書**　マルクス「ゴータ綱領批判」（1875年5月）、エンゲルス「ベーベルへの手紙」（同年3月と10月）、「ブラッケへの手紙」（同年10月）どちらも古典選書『ゴータ綱領批判／エルフルト綱領批判』所収）。

合同後のドイツの党内には、ラサール派の悪しき遺産にくわえて、理論の領域で新しい問題が発生しました。いわゆるデューリング熱――哲学から経済学、自然科学、社会主義論などあらゆる問題で大言壮語する自称大思想家のデューリングに熱中する傾向――の広がりです。この傾向は、実は、アイゼナッハ党の時代にすでに始まっていたのですが、デューリングが1875年から76年にかけて、歴史上最大の理論家として自画自賛する三冊の大著*を刊行する中で、いよいよ勢いを増してきたのでした。しかも、デューリングはその著作の中で、マルクスとその理論への誹謗・中傷に力点を置いていたのです。

＊デューリングの三冊の大著　次の三冊です。

『国民経済学および社会主義の批判的歴史』部分的改訂第二版（1875年、ベルリン）。

『哲学教程、厳密な科学的世界観および生活形成として』（1875年、ライプツィヒ）。

『国民＝社会経済学教程、財政政策の主要問題をふくむ』部分的改訂第二版（1876年、ライプツィヒ）。

ドイツの党内にこうした状況が起きた背景には、マルクスを『資本論』の著者として、あるいはエンゲルスを社会主義の理論家として、そして二人をドイツの労働者運動の大先輩として知ってはいても、科学的社会主義の理論をまともに勉強した人はまだほとんどいないという、当時の運動の歴史的な弱点がありました。

実際、考えてみてください。経済学の大著『資本論』の第一部は刊行されていましたが、それを本気で読み通せた人は、ごく少数だったでしょう。しかも、いま私たちが、科学的社会主義の入門書として活用している書物のなかで、この時期までに刊行されていた本と言えば、『共産党宣言』ぐらいで、それも簡単に手に入るものではありませんでした。

そうした、社会主義運動における一種の〝理論的空白〟が、ドイツの党内のデューリング熱の土壌をなしたのでした。

エンゲルス『反デューリング論』における弁証法

この危機を突破するには、マルクスかエンゲルスが出動して、デューリングのえせ理論に、本当の科学的社会主義の理論を対置する以外に、道はありません。

エンゲルスは、デューリング熱の横行を懸念するリープクネヒトなどの強い依頼を受け、マルクスとも相談しながら、1876年5月、デューリング批判にとりかかる決断をしました*。

＊ エンゲルスの出動への要請 リープクネヒトは、1876年5月17日、エンゲルスに手紙を書き、党内での「デューリング熱」の広がりを知らせるとともに、これを「かたづける」必要を説きましたが、これはエンゲルスの出動を暗に要請したものでした。

エンゲルスはその手紙をすぐマルクスに送りますが、自分の出動についてためらいの気分があったようです。マルクスはすぐ返書を書き、「いっさいの参酌《さんしゃく》ぬきでデューリングを批判」することをすすめます（エンゲルスへの5月25日の手紙、全集㉞14ページ）。エンゲルスは、5月28日のマルクスへの手紙で、愚痴めいた言葉で、要請にこたえて「退屈なデューリングと取り組む」意思を伝えますが、その手紙には、エンゲルスの頭の中では、デューリング批判の構想がすでにできあがっていることが、示されていました。

「僕のプランはできている――はじめのうちは僕はまったく事実に即しながら、いかにもまじめそうにこのがらくたに取りかかっていくが、それから、一方ではナンセンスの、他方では月並みな饒舌の、指摘が積み重なっていくにしたがって、論駁は鋭さをましていく。そして最後に雨あられと降り注ぐのだ。……

デューリングについては、僕の古代史復習や自然科学の勉強が大いに役に立ち、僕にはその問題が多くの点でやりやすくなっている。とくに自然科学上の問題で僕が感じているのは、この領域が僕にかなり親しみを増してきていて、僕がそこでは、たとえ細心の注意をはらいながらではあるにせよ、とにかくある程度自由に安心して動くことができる、ということだ」（同前17～18ページ）。

デューリングとの論戦では、経済や歴史の見方と同時に、自然観の問題が大きな比重を占めることになりましたが、その中心は、弁証法的自然観の解明にありました。

これはまったく、科学的社会主義の理論の全体にとっても新しい分野で、長く弁証法的自然観の探究にとりくんできたエンゲルスが、それまでの蓄積した力量を思う存分に発揮したものです。エンゲルスは、先ほど紹介した『反デューリング論』の「序文」の続く部分で、そのことを次のように述べています。

「数学と自然諸科学とについてこういう約説をおこなうにあたって、私にとって肝心なことは、いうまでもなく、歴史において諸事件の外見上の偶然性を通じて支配している弁証法的運動法則と同じものが、自然のうちでも、無数のもつれあった変化をつうじて自己を貫徹しているということを、――これは、一般的には私にとって疑いをいれないことであったが――個々の点についても確かめることであった。この同じ法則は、人間の思考の発展史をもやはり縦糸のようにつらぬいていて、思考する人間にしだいに意識されてくるのである。この法則は、ヘーゲルがはじめて包括的な仕方で、とはいえ神秘化された形態で、展開したものであって、それをこの神秘的な形態の殻からとりだし、まったく単純で普遍妥当的なものとしてはっきり意識させることが、われわれの追求した目標の一つであった」（全集⑳11～12ページ、古典選書版・上21～22ページ）。

『反デューリング論』の党機関紙「フォルヴェルツ（前進）」への連載は、1877年1月3日付号に始まり、1878年7月7日付号まで、実に一年余にわたって続けられました。そこで、デューリングの妄言が完膚《かんぷ》なきまでに粉砕されたのはもちろんですが、何よりも重要なことは、科学的社会主義の歴史観と自然観の全体が、初めて、誰の目にもわかりうる内容で解明され、ドイツの社会主義運動、労働者運動のたつべき理論的、思想的な立場の全貌が明らかにされたことでした。

そのなかで、エンゲルスがとくに力を入れたのは、唯物論的な弁証法の解明でした。弁証法は、それまで、マルクスやエンゲルスのすべての著作に具体化され、力を発揮してきたものでしたが、弁証法それ自体の解明はあまりにも少なく、まとまった記述は、この論稿が研究の主題とした『資本論』第一部第二版の「あと書き」以外には、存在しなかったのです。

エンゲルスは、その弁証法について、「序説」の「一　総論」でまず全体像を簡潔に描き出し、「第一篇　哲学」では、デューリングが提起する哲学・自然科学の諸問題について、その混迷の大掃除をしながら、唯物論と弁証法の立場で明快な解答を与え、「第二篇　経済学」と「第三篇　社会主義」では、社会観と歴史観、社会主義の諸問題で、同じ作業をおこないました。こうして、この著作は、デューリングの妄論を粉砕する論争の書にとどまらず、マルクスとエンゲルスの歴史観、自然観、その全体を貫く唯物論と弁証法の全貌を解き明かした百科全書となったのです。*

＊『反デューリング論』と『空想から科学へ』　『反デューリング論』は、連載が終わった翌年の1878年、まとまった著作として発行されましたが、エンゲルスは2年後の1880年、フランスの読者のために、そのダイジェスト版としてフランス語版『空想から科学へ』を編集・発行、1890年にはその英語版を発行しました。これは、『反デューリング論』の三篇二九章のうち三章だけ（「序説」の「一　総論」と「第三篇　社会主義」の「一　歴史的概説」および「二　理論的概説」）から編集したもので、著者自身によるたいへん要領の良いダイジェスト版ですが、ページ数にして『反デューリング論』全体のほぼ10分の1を収録しているだけです。弁証法の問題にしても、全般的な特徴づけの部分は含まれていますが、マルクスの弁証法にたいするデューリングの非難を粉砕して、自然と社会のさまざまな問題について、〝本当の弁証法的理解とはどういうものか〟を明らかにしてみせた論争部分はまったく含まれていません。デューリングとの論争における弁証法問題の核心は、実はここにあるので、『空想から科学へ』を読んで

弁証法の問題に興味を持たれた方は、ぜひ、『反デューリング論』にまで読み進まれることを、おすすめするものです。

とくに、弁証法については、これは、マルクス、エンゲルスが自分たちの見解を、まとまった内容で明らかにした最初の著作だった、と言ってよいでしょう。エンゲルスは、「序文」で、二人の〝共同作業〟の経過を、次のように説明していました。

「ついでに言っておくが、この書物で展開されている考え方は、大部分マルクスによって基礎づけられ発展させられたものであって、私のあずかるところはごくわずかな部分にすぎないのであるから、私が彼に黙ってこういう叙述をしないということは、われわれのあいだでは自明のことであった。私は印刷するまえに原稿を全部彼に読みきかせたし、また経済学篇の第一〇章（『批判的歴史』から）はマルクスが書いたものであって、私はただ形式上の理由から、残念ではあったが、やむなくそれをいくらかちぢめただけである。専門の分野でおたがいに助けあうということが、まさにまえからのわれわれのならわしであった」（全集⑳9ページ、古典選書版・上18ページ）。

もちろん、ごく部分的には、エンゲルス特有の表現や見解も見られます。エンゲルスが、弁証法の説明にあたって、形而上学と対比する方法をとっていることも、その一つです。これは、ヘーゲルに由来するもので、エンゲルスは、1859年に『経済学批判』の書評を書いた時から、この方法を採用していました。ですから、マルクスも承知のうえでのやり方だったのですが、マルクス自身は、この表現方法はとりませんでした。[*1] 経済学の問題にしても、エンゲルスの解説には、マルクスの理論的到達点とは一致しない定式も、若干見られますが、[*2] マルクスは、自分の到達点のすべてをまだエンゲルスに明らかにしているわけではなかったのですから、こういうことは、起こりうることでした。

＊1　これは私の推定ですが、「形而上学」という語には、多様な意味づけがあります。
　マルクス自身、例えば、若い時代に、プルードン批判の書『哲学の貧困』を書いた時に、プルードンの経済学を「経済学の形而上学」と呼びましたが、これは、ヘーゲル流の観念論者だという意味でした。

　エンゲルスも、のちに『フォイエルバッハ論』を書いた時には、「形而上学」の言葉を使うときに、「古い研究方法および思考方法は――これをヘーゲルは『形而上学的』と名づけている」と、解説的な文章を加えています（古典選書版『フォイエルバッハ論』73～74ページ）。
＊2　この問題は、『古典教室　第2巻　第三課　エンゲルス「空想から科学へ」』（2013年）で、かなり立ち入った検討をしました。

『反デューリング論』における弁証法の解明は、自然と社会の広範な領域にわたる非常に詳細なものですから、ぜひ、原典そのものを読んでいただきたいと思います。ここでは、そのなかで、弁証法そのものの内容を総括的に述べた代表的な文章の紹介にとどめたいと思います。

「われわれが自然、または人間の歴史、ないしはわれわれ自身の精神活動を考察する場合に、まず第一にわれわれの前に現われてくるのは、もろもろの連関と交互作用が限りなくからみあった姿である。そこでは、なにものも、もとのままのもの、ところ、状態にとどまるものはなく、すべてのものが運動し、変化し、生成し、消滅する。……

形而上学者にとっては、事物とその思想上の模写である概念とは、個々ばらばらな、ひとつずつ順次に、他のものと無関係に考察されなければならない、固定した、不動の、一度あたえられたらそれっきり変わらない研究対象である。彼はものごとを、もっぱら媒介のない対立において考える。彼のことばは、しかりしかり、いないな、これに過ぐるは悪より出ずるなり［新約聖書の中の言葉＝不破］、である」（全集⑳20～21ページ、古典選書版・上34～36ページ）。

「すべてこういう過程や思考方法は、形而上学的思考の枠におさまらない。これに反して、弁証法というものは、事物とその概念上の模写とを、本質的にそれらの連関、連鎖、運動、生成と消滅においてとらえるものであるから、弁証法にとっては、右に述べたような諸過程の一つひとつが、それ自身のものごとの取扱い方の確証となるのである。自然は弁証法の検証となるものである。そして、近代の自然科学が、こういう検証のためのきわめて豊富な、日々にますます積みかさねられてゆく材料を供給し、それによって、自然においては万事はけっきょく形而上学的にではなく弁証法的におこなわれているのだということを証明したことを、われわれは認めなければならない。……

だから、世界全体、それの発展と人類の発展、さらにこの発展の人間の頭脳における映像を正確に示すことは、弁証法的な方法によって、生成と消滅、前進的または後退的な変化の全般的な交互作用にたえず留意する場合にだけ、達成することができるのである」(全集⑳22ページ、古典選書版・上37～38ページ)。

弁証法は、事物に外から当てはめる「型紙」ではない

ヘーゲルは、その弁証法論のなかで、事物の発展のなかに現われるいくつかの法則を発見しました。量的変化の質的変化への転化についての法則、否定の否定の法則、対立物の統一と闘争の法則などなどです。マルクスは、『資本論』のなかで、これらの法則が経済現象の中に現われることを指摘し、経済学における弁証法の例証としました。

その代表的なケースとしては、次の三つの事例をあげることができるでしょう。

1、商品を、価値と使用価値という対立する両側面からとらえ、対立物の統一と闘争の見地から、商品と貨幣の世界を分析した第一部第一篇の全体(本書第二篇〈127～177ページ〉で紹介)。

2、貨幣所有者が資本家への質的な転化をおこなう過程に、量・質転化の弁証法の実例があるとした第一部第三篇での指摘(本書291ページで紹介)。

3、小経営から資本主義的生産を経て社会主義的変革にいたる過程を、個人的所有の歴史的変化の見地から「否定の否定」としてとらえた第一部第七篇での解明（本書254～261ページで紹介）。

デューリングは、このこと、とくに第二と第三の事例に飛びついて、マルクスは、その経済学で「弁証法という松葉杖にすがって歩いている」とか、「ヘーゲルのもうろう観念を拠りどころにしている」とかの口汚い非難を繰り返し浴びせかけたものでした。

これは、まったく根拠のない、でたらめな中傷でした。どんな場合でも、マルクスは、弁証法の法則を、自分の主張の証明とするといった、ばかげた主張をしたことは一度もありません。デューリングが問題にしたどちらの場合でも、経済的、歴史的事実を詳細に分析し、結論的な評価をひきだし確認したうえで、そこに、ヘーゲルが発見した弁証法の法則の実証があると述べたのです。

エンゲルスは、デューリングのこの中傷攻撃にたいして、「第一篇　哲学」の二つの章（「一二　弁証法。量と質」および「一三　弁証法。否定の否定」）で、手きびしい反論をおこないました。

エンゲルスは、デューリングが挙げた二つの事例について、マルクスの論証の経過を詳しく紹介・説明し、マルクスがそれぞれの問題で、歴史的、経済的事実にもとづいてそうした現象が起こる経過とその必然性を確認したうえで、最後に、そこには弁証法の法則の一つの実証があると述べたことを、誰の目にもわかる丁寧さで証明してみせます。そして、言うのです。

「そこで、読者におたずねしよう。弁証法ふうにこみいった錯綜や、観念の唐草模様はいったいどこにあるのか？　……デューリング氏に言わせるとマルクスが彼の展開を仕上げるのに欠かしえないものだという、弁証法の秘密めかしいたわごとや、ヘーゲルのロゴス〔言葉〕説に準拠した錯綜した議論は、いったいどこにあるのか？　マルクスは、かつて小経営がそれ自身の発展によってみずからの滅亡のための、すなわち小所有者の収奪のための諸条件を必然的に生みだしたのとまったく同じように、いまや資本主義的生産様式もやはり、自己の没落を不可避とする物質的諸条件をみずから生みだしたということを、歴史的に証明して、ここで簡潔にまとめているだけである。この過程は一つの歴史的過程であって、それが同時に弁証法的な過程であっても、そのことは、デューリング氏にとってどれほど不快であるにせよ、マルクスの罪ではない」（全集⑳139～140ページ、古典選書版・上191ページ）。

エンゲルスは、これまで何回か引用した1886年版への「序文」のなかで、弁証法にたいする自分の基本態度を、次のように説明していました。

「私にとっては、弁証法的法則を構成して自然のなかにもちこむというようなことは、問題になりえなかったのであって、この法則を自然のなかに見つけだし、自然のなかから展開することが、肝心なことであった」（同前12ページ、古典選書版・上22ページ）。

この言葉から、思い出されるマルクスの言葉があります。

本書の第一篇で、「研究の仕方」と「叙述の仕方」にかかわる弁証法について、検討しました。

マルクスが、そこで結論的に強調したことは、弁証法を、事物に外から当てはめる「型紙」にしてはならない、ということでした。

「研究は、素材を詳細にわがものとし、素材のさまざまな発展諸形態を分析し、それらの発展諸形態の内的紐帯《ちゅうたい》をさぐり出さなければならない。この仕事を仕上げてのちに、はじめて、現実の運動をそれにふさわしく叙述することができる」（『資本論』第一部第二版への「あと書き」、『資本論』新版①32ページ、ヴェルケ版Ⅰ27ページ）。

エンゲルスがここで表明した態度には、マルクスのこの言葉と、深くひびき合うものが感じられるではありませんか。

自然にたいしても、社会にたいしても、弁証法を外から持ち込むことは絶対にしない、事実にもとづいて、自然と社会の運動そのものを研究・分析し、そこにはたらいている弁証法的な運動法則やその諸形態を発見すること、そこに、マルクス、エンゲルスの弁証法観の核心があった、このことを、私たちも深く心に刻んで、今後の研究に生かしてゆきたい、と思います。

マルクスの弁証法観の進化をたどる最初の旅は、かなりの長旅になりましたが、ここで、一応の終着駅に来たようです。とてもこの主題の全貌をつかむには、いまだしの感がありますが、この旅を思い立った当人としては、かなりの手掛かりを得た思いもあります。多くの方々のご意見をいただければ幸いです。

あとがき

一八六五年という年が、マルクスの経済学説の形成と発展の歴史のなかで特別の意義をもつ――このことに私が注目したのは、二〇〇一年から〇二年にかけておこなった『マルクスと「資本論」――再生産論と恐慌』の研究のなかでのことでした。

〝『資本論』には、恐慌の「可能性」および恐慌の「根拠」について明確な規定が行なわれているが、資本主義経済のなかで恐慌がなぜ周期的に起こるのかの理論的解明がみられない（私はこの問題意識を、「恐慌問題の〝運動論〟的解明」と名づけました）、しかし、『資本論』に先行する時期に執筆した新聞論説では、恐慌の周期的襲来の必然性をあれだけ力説しつづけてきたマルクスです。その経済学に、恐慌の運動論的な解明がないはずはない、それは、『資本論』および準備草稿のどこかに必ずあるはずだ〟――これが、『マルクスと「資本論」』研究に取りかかった時、私が最大の探究目的とした問題でした。

そのとき、私が合言葉としたのは、いわゆる〝ミッシング・リンク（失われた環）〟、すなわち、マルクスが『資本論』に書く予定でいながら書かれないままで終わった恐慌論の探究でした。

そして、一八五〇～五三年の「ロンドン・ノート」のなかの小論「省察」（一八五一年）を起点に、マルクスの執筆の順序を追って、『一八五七～五八年草稿』、『一八六一～六三年草稿』と、恐慌現象の分析の経過を読みすすめてゆくなかで、一八六五年執筆の『資本論』第二部第一草稿で、探求の中心目標であった恐慌の運動論の、マルクス自身による定式化に出会ったのでした。そのときの感動は言葉ではつくせないものでした。〝やはりマルクスは、恐慌論を、運動論ぬきの未完成のままでは放置していなかった、ミッシング・リンクは、その後の研究で見落とされていただけで、マルクスは、自分の恐慌論を、運動論を含めて完成させていたのだ〟、というのが、そこに到達したときの率直な感慨でした。

この時は、焦点を恐慌の運動論にしぼっての探究でしたが、その後、『資本論』の学説的な形成の過程をいろいろな角度から研究する中で、一八六五年のこの発見が『資本論』の成立にとって、恐慌の運動論の発見という領域にとどまらない、より広範な意義をもつことが、次第に明らかになってきました。

今回の研究『マルクス　弁証法観の進化を探る』の背景には、この問題意識がありました。『資本論』の第二版「あと書き」でマルクスが提起した二つの命題――「研究過程の弁証法」および「発展と没落の弁証法」――について、マルクス自身の思想の発展過程をたどり、そのなかで、一八六五年の恐慌の運動論の発見がどういう位置を占めたか、どういう役割を果たしたかを、探求・検証しようとしたのです。

検証の結果は、何を示したでしょうか。

第一の「研究過程の弁証法」の探究では、この発見を転機に、マルクスが『一八五七〜五八年草稿』執筆の最初の段階から経済学研究の大前提としてきた『経済学批判』六部構成に終止符が打たれ、賃労働や土地所有をふくめて資本主義的生産の全体を研究対象とする著作構想への根本的な転換がおこなわれたことが明らかになりました。

第二の「発展と没落の弁証法」の探究では、一八六五年の恐慌の運動論の発見を転機に、マルクスは、一八五〇年代以来堅持してきた「恐慌＝革命」説も、利潤率の低下現象に資本主義の没落の根拠を求めようとしてきた経済学的見解も捨てて、資本主義的生産の内部矛盾と同時に、労働者階級の階級的成長を変革の決定的条件とする新しい「必然的没落」論を確立し、その意味が、解明されました。

この結論は、同時に、革命論そのものの新たな発展をも内包するものでした。五〇年代のマルクス、エンゲルスの言説に色濃く残っていた「恐慌＝革命」説は、一八六五年を転機に決定的に過去のものとなり、革命論とその実践においても、多数者革命の立場に立った活動が、マルクス、エンゲルスの活動の最大の特徴となっていったのでした。

私は、以前から「マルクスをマルクス自身の歴史のなかで読む」ことを、自身のマルクス研究の合言葉にしてきましたが、本書を書き上げたいま、その言葉のもつ重要性をこれまで以上に痛感しています。そのことを述べて、この書の結びの言葉とさせていただきたい、と思います。

二〇二〇年一月

不破哲三

不破哲三（ふわ　てつぞう）

1930年生まれ

主な著書　「スターリン秘史」（全６巻）「現代史とスターリン」（渡辺治氏との対談）「史的唯物論研究」「講座『家族・私有財産および国家の起源』入門」「自然の弁証法―エンゲルスの足跡をたどる」「エンゲルスと『資本論』」（上・下）「レーニンと『資本論』」（全７巻）「マルクスと『資本論』」（全３巻）「『資本論』全三部を読む」（全７巻）「古典研究　マルクス未来社会論」「古典研究　議会の多数を得ての革命」「古典への招待」（全３巻）「マルクス、エンゲルス　革命論研究」（上・下）「『資本論』はどのようにして形成されたか」「マルクス『資本論』―発掘・追跡・探究」「『資本論』探究―全三部を歴史的に読む」（上・下）「『資本論』のなかの未来社会論」「古典教室」（全３巻）「マルクスは生きている」（平凡社新書）「新・日本共産党綱領を読む」「報告集・日本共産党綱領」（党出版局）「党綱領の理論上の突破点について」（同前）「党綱領の未来社会論を読む」（同前）「日本共産党史を語る」（上・下）「新版 たたかいの記録―三つの覇権主義」「スターリンと大国主義」「日本共産党にたいする干渉と内通の記録」（上・下）「二十一世紀と『科学の目』」「ふたたび『科学の目』を語る」「アジア・アフリカ・ラテンアメリカ―いまこの世界をどう見るか」「21世紀の世界と社会主義」「『科学の目』講座 いま世界がおもしろい」「激動の世界はどこに向かうか―日中理論会談の報告」「『科学の目』で見る日本と世界」「歴史から学ぶ」「『科学の目』で日本の戦争を考える」「私の戦後六〇年」（新潮社）「回想の山道」（山と渓谷社）「私の南アルプス」（同前）「新編 宮本百合子と十二年」「小林多喜二―時代への挑戦」「文化と政治を結んで」「同じ世代を生きて―水上勉・不破哲三往復書簡」「不破哲三　時代の証言」（中央公論新社）

マルクス 弁証法観《べんしょうほうかん》の進化《しんか》を探《さぐ》る――『資本論《しほんろん》』と諸草稿《しょそうこう》から

2020年 1 月 20日　初　版

著　者　不　破　哲　三

発 行 者　田　所　　稔

郵便番号　151-0051　東京都渋谷区千駄ヶ谷 4-25-6

発行所　株式会社　新日本出版社

電話　03（3423）8402（営業）

03（3423）9323（編集）

info@shinnihon-net.co.jp

www.shinnihon-net.co.jp

振替番号　00130-0-13681

印刷・製本　光陽メディア

落丁・乱丁がありましたらおとりかえいたします。

ISBN978-4-406-06397-5　C0030　Printed in Japan